Sous les auspices du
Célèbre auteur dramatique
de Palaprat né en 1650 à Toulouse
décédé à Paris en 1721
... fils Palaprat Guillaume ... Toulouse
Cet ouvrage est offert à la
Bibliothèque Nationale de
Paris par
J. P. Vayssier
Explorateur aux Indes, Afrique
Océanie, Java
J. P. Vayssier
26, rue de la pompe
Passy. Paris

BIBLIOGRAPHIE

AFRICAINE.

A SA MAJESTÉ

LÉOPOLD II

ROI DES BELGES

&

SOUVERAIN DE L'ÉTAT INDÉPENDANT DU CONGO

Cet ouvrage est humblement dédié.

BIBLIOGRAPHIE

d'Ouvrages ayant trait à

L'AFRIQUE EN GÉNÉRAL

DANS SES RAPPORTS

avec l'exploration & la civilisation de ces contrées

Depuis le commencement de l'Imprimerie jusqu'à nos jours

PRÉCÉDÉ D'UN INDICATEUR

par

Gabriel KAYSER

ANCIEN AIDE A L'OBSERVATOIRE ROYAL DE BRUXELLES

ANCIEN AIDE A LA TRIANGULATION A JAVA

1887

484, Avenue Louise, 484

BRUXELLES.

PRÉFACE

Depuis longtemps déjà mon attention se porte sur l'exploration de l'Afrique centrale, où beaucoup de mes concitoyens belges ont eu la hardiesse de s'aventurer. J'ai moi-même parcouru, pendant plusieurs années, certaines contrées des Indes orientales, de l'Afrique de l'Est et de l'Afrique occidentale, souvent inconnue, presque toujours mystérieuse. Mes goûts de lointains voyages devaient m'engager à en faire une étude plus approfondie. Mais il fallait d'abord m'instruire des œuvres de tous ceux qui, de près ou de loin, anciens et contemporains, se sont occupés de l'histoire des races africaines, de leurs mœurs et de l'état de la civilisation à toutes les époques. Il m'a paru que je ne pouvais mieux faire, pour me livrer avec fruit à ces études complexes, qu'en commençant par cataloguer une bibliographie, qu'on trouvera plus abondante et plus variée qu'on ne l'avait supposé.

J'ai pensé que mon travail pouvait intéresser les intrépides explorateurs de toutes les nations : Allemands, Américains, Autrichiens, Anglais, Belges, Français, Portugais et autres, qui, à l'époque actuelle, se sont signalés les uns par leurs écrits, les autres par leurs découvertes sur le continent africain.

J'ai dans ce but compulsé, réuni et coordonné toutes les publications bibliographiques depuis le commencement de l'imprimerie, pour lesquels il m'a fallu prendre des notes dans les principales bibliothèques d'Europe, des Iles Britanniques et des Etats-Unis.

Je me réserve de publier ultérieurement un supplément.

La Bibliographie que je publie aujourd'hui se compose de 2276 ouvrages. Je me suis efforcé d'en détailler les notices pour faciliter les recherches et j'ai mentionné avec soin les faits principaux ou les points essentiels visés ou traités dans ces œuvres. Les faits historiques, géographiques, de statistique, de commerce et d'industrie, cités dans mon livre, m'ont paru constituer une compilation intéressante, de nature à attirer l'attention des hommes d'étude en général et des explorateurs en particulier. Je souhaite que mes notes facilitent aux uns et aux autres leurs recherches, leurs combinaisons et leurs résolutions.

Il me reste maintenant à réclamer l'indulgence des savants et des personnes qui aiment les voyages d'exploration, les sciences d'observations, pour avoir essayé de mener jusqu'à ce point une entreprise très laborieuse.

Cet ouvrage est gracieusement offert aux savants, aux explorateurs et aux vaillants pionniers qui s'occupent de la civilisation et de l'exploration de l'Afrique.

Gabriel KAYSER.

Avis divers.

Les numéros de ma Bibliographie contiennent pour certains d'entre eux, la règle n'étant pas générale, outre leur exposé :

1° La Bibliothèque ou la publication où l'ouvrage se trouve.

2° L'année de l'impression de l'ouvrage.

3° Le nombre de pages, et les pages indicatrices qui s'y rapportent.

4° Le n° de l'ouvrage sur lequel il est catalogué.

5° La ville où il a été imprimé.

6° L'imprimeur ou l'éditeur.

7° L'année.

8° Le format.

9° Des notes pour ceux d'entre eux que j'ai pu consulter.

L'indication des publications périodiques et des Bibliothèques où se trouvent les ouvrages mentionnés, est fournie par des lettres majuscules conventionnelles dont je donne la table. (Voir Indicateur.)

J'ai cru inutile de faire une table alphabétique par nom d'auteur, attendu que chaque article est placé de cette façon.

Les astériques * * * indiquent que le nom de l'auteur est inconnu.

G. KAYSER.

Indicateur.

A. — Atheneum.
Ay. — Academy.
A. A. W. — Aus Allen Welttheilen.
A. B. U. — Akad. Buchhandlung Upsala.
A. B. Z. — Aus Burton Zanzibar.
A. E. — Allgemeine Erdkunde.
A. F. Z. — Aus fernen Zonen.
A. G. — Allgemeine Geschichte.
A. G. f. E. — Allgemeine Gesch. f. Erdk.
A. G. — Année Géographique.
A. G. e. A. — Aardrykskundig Genootschap, gevestigd te Amsterdam.
A. G. S. — American Geographical Society.
A. H. — Annales Hydrographiques.
A. H. — Archives Hollandaises.
A. H. u. M. M. — Annalen der Hydrographie und Maritime Meteorologie.
A. I. A. — Association Internat. Africaine.
A. I. (G. B.) I. — Anthropological Institute of Great Britain and Ireland.
A. I. M. — Allen, Indian Mail.
A. M. N. — Archives de médecine navale.
A. N. Archives Néerlandaises.
A. R. I. V. — Atti Reale Instituto Venetio.
A. S. M. F. — Ann. Soc. Marine France.
A. V. — Annales des Voyages.
B. A. A. — Bulletin Antiquités Africaines.
B. A. A. Z. — Beilage zur Augsburger Allgemeinen Zeitung.
B. A. R. B. — Bibliothèque Académie Royale Bruxelles.
B. e. A. d. C. U. M. — Boletino e Annaes do Conselho Ultra marino.
B. A. G. S. — Bulletin American Geogr. Society.
B. B. — Blue Book.
B. F. L. U. — Blätter für Liter. Unterh.
B. M. B. G. E. — Berliner Monats-Bericht Ges. Erdk.
B. M. H. L. — Baptist Mission House, London.
B. R. B. — Bibliothèque Royale Bruxelles
B. S. F. A. I. A. — Bull. Soc. Franç. Associat. Intern. Africaine.
B. S. F. S. A. d'I. — Bull. Sez Fiorentina Soc. Afr. d'Italia.
B. S. G. P. N. C. Alger. — Bulletin Société Géographie pour nos Colonies. Alger.
B. S. G. C. A. — Bulletin Société Geogr Commerciale. Anvers.
B. S. G. C. B. — Bulletin Soc. Géog. Commer., Bordeaux.
B. S. G. C. — Bulletin Société Géographie Constantine.
B. S. G. d. E. — Bulletin Société Géographie de l'Est.
B. S. G. G. — Bulletin Société Géographie Genève.
B. S. G. C. I. — Bulletin Société Géographie commerciale Italienne.

B. S. G. C. Lisboa. — Bulletin Société Géographie Commerciale Lisbonne.

B. S. G. C. M^d. — Bulletin Société Géographie Commerciale Madrid

B. S. G. C. M. — Bulletin Société Géographie Commerciale de Marseille.

B. S. G. M. — Bulletin Soc. Géographique de la Martinique.

B. S. G. M. — Bull. Soc. Géogr. du Mexique.

B. S. G. C. L. — Bull. Soc. Géogr. Com. Lyon.

B. S. G. C. P. — Bulletin Société Géographie Commerciale de Paris.

B. S. G. R. — Bulletin Société Géographique Rochefort (France)

B. S. K. G. — Bulletin Société Khédivale de Géographie, Caire.

B. S. N. — Bibliotheca Sacra, New-York.

B. S. R. B. G. — Bulletin Société Royale belge Géographie Bruxelles.

B. S. T. P. — Bull. Soc. Topographie Pratique.

B. U. G. N. — Bull. Union Géogr. du Nord France.

B. z. W. A. — Beilage zur Wiener Abendpost.

C. — Correspondant.

C. — Cosmos Italie.

C. A. — Club Africain.

C. A. G. — Correspondenzblatt der Afrikanischen Gesellschaft.

C. C. — Churchill Collection.

C. C. Lisboa. — Commission Cartographique, Lisbonne.

C. G. C. — Cosmos, Guido Cora, Italie.

C. I. S. G. P. — Congrès international des Sciences Géographiques de Paris.

C. M. B. — Calwer Missions-blatt.

C. M. G. — Church Missionary Gleaner.

C. M. I. — Church Missionary Intelligence.

C. M. M. — Cape Monthly Magazine.

C. M. S. — Church Missionary Society.

C. R. A. I. P. — Comptes rendus de l'Académie des Inscriptions, Paris.

C. R. A. S. — Comptes rendus de l'Académie des Sciences.

C. R. H. — Comptes rendus Hebdomadaires.

C. R. S. A. S. — Comptes rendus des Séances de l'Académie des Sciences, Paris.

C. R. S. G. P. — Comptes rendus Société Géogr., Paris.

C. Q. R. — Christian Quarterly Review.

C. W. T. W. — Christian Works Throughout the World. — A magazine of religous and missionary information.

D. A. — Das Ausland.

D. C. P. M. — Dépot des Cartes et Plans de la Marine.

D. G. B. — Deutsche Geogr. Blätter.

D. D. L. G. P. — Dépot de la Guerre, Paris.

D. K. Z. — Deutsche Koloniale Zeitung.

D. M. — Deutsches Morgenland.

D. M. P. — Dépot de la Marine, Paris.

D. M. P. — Département de la Marine, Paris.

D. R. — Deutsche Rundschau.

D. R. R. — Deutsche Rundschau von J Rodenberg.
D. T. — Daily Telegraph.
E. — L'Exploration.
Esz. — Esploratore.
Ex. — Export.
E. F. — Economistes Français.
E. G. — Etablissement Géographique, Bruxelles.
E. G. C. — L'Explorateur Géographique et Commercial.
F. C. o. S. M. R. — Free Church of Scotland. Monthly Record.
F. M. Foreign Missionary.
G. — Gaea.
G. — Globus.
G. A. — Geogr. Anstalt (J. Perthes, Gotha.)
G. B. — Grenz-Boten.
G. D. C. — Giorno del Colonie.
G. G. L. — Geograph. Gesellschaft in London.
G. I. W. — Geogr. Institut Weimar.
G. M. — Geographical Magazine.
G. M. P. — Geographische Mittheilungen Petermann.
G. N. — Geograph. Nachrichten.
G. R. — Geographische Rundschau.
G. T. — Geogr. Tidskr.
G. U. R. I. — Gazetta Ufficiale del Regno d'Italia.
G. W. — Gegenwart.
G. Z. A. E. — Gumprecht 's Zeitschrift Allgemeine Erdkunde.
H. A. C. — Hydrogr. Africa de Cordeiro.
H. O. — Hydrographical Office.
I. C. M. B. — Institut Cartographique militaire Bruxelles
J. G. G. B. — Jahresbericht der Geogr. Gesell. Bern.
J. G. G. M. — Jahresbericht der Geographischen Gesellschaft in München.
I. L. N. — Illustrated London News.
I. R. — Internationale Revue, Vienne.
J. S. G. B. — Jahresbericht der Schleswigchen Gesellschaft zu Breslau.
I. T. — Illustrated Travels.
J. A. — Journal Asiatique.
J. A. G. S. S. — Journal of the American Geogr. and Statistic Society.
J. A. I. G. B. I. — Journal of the Anthropological Institute of Great Britain and Ireland.
J. A. I. N. Y. — Journal of the Anthropological Institute of New-York.
J. E. S. L. — Journal of the Ethnological Society of London.
J. L. S. B. — Journal Linean Society Botany.
J. M. A. — Journal des Missionnaires d'Alger.
J. O. — Journal Officiel, France.
J. O. C. B. — Journal fur Ornithologie von Cabanis und Baldamus.
J. R. G. S. — Journal of the Royal Geographical Society.
J. S. A. — Journal Soc. of Arts.
J. S. L. — Journ. Soc. Lineenne.
J. S. S. L. — Journal Statistic Society London.
K. — Kölnische Zeitung.
K. Z. — Kolonial Zeitung.
L. C. — Le Cosmos.
L. C. P. — Le Correspondant, Paris.
L. G. — Le Globe.
L. G. G. — La Gazette Géographique.
L. I. Z. — Leipziger Illustrirte Zeitung.

L. T. — Le Temps.
L. M. G. — Le Mouvement Géographique. Bruxelles.
M. A. G. — Mittheilungen der Afrik. Gesellschaft.
M. A. R. N. Manuscrit des Archives du Royaume Néerlandais.
M. C. — Missions Catholiques.
M. DE LA F. — Moniteur de la Flotte.
M. D. R. N. E. — Mitth. der Riebeck 's chen Niger-Expedition.
M. H. — Missionary Herald.
M. M. M. — Mercantile Marine Magazine.
M. K. K. G. G. W. — Mittheilungen der Kaiserl. Geogr Gesellsch. in Wien.
M. V. E. — Mittheilungen des Vereins für Erdkunde.
M. V. E. L. — Mittheilungen des Vereins für Erdkunde. Leipzig
N. — Nature.
N. A. — Nuovo Antol.
N. A. M. — Nouvelles Annales de la Marine.
N. A. V. — Nouvelles Annales des Voyages.
N. J. F. M. — Neues Jahrb. für Miner. Stuttgart.
N. E. — La Nature par G. Tissandier, Paris.
N. M. — Nautical Magazine.
N. N. M. — Neueste Nachrichten Munich.
N. U. O. — Natur und Offenbarung.
N. V. C. — Naturwissenschaftlicher Verein, Carlsruhe.
O. B. L. L. — Offices des bons Livres Londres.
O. E. D. O. — Œuvres des écoles d'Orient.
O. M. Z. — Oesterr. Meteor. Zeitschrift.
O. H. M. — Ocean Highways Markham.
O. M. O. — Oesterr. Monatschrift f. d. Orient.
O. R. B. — Observatoire Royal Bruxelles.
O. Z. F. O. — Oesterr. Zeitschrift f. d. Orient.
P. — Proceedings.
P. H. A. — Pr. Hand Archiv.
PH. H. C. — Philosophical Historical Club.
P. K. K. G. B. — Programm des Kaiserl. Gymnassiums zu Brixen.
P. K. K. G. Z. — Programm des Kaiserl. Gymnassiums zu Znaïm.
P. R. G. S. — Proceedings of the Royal Geographical Society of London.
P. R. J. O. Z. E. — Programm der Realsch. J. O zu Elbing.
P. R. S. M. — Program der Realschule in Meiningen.
P. Z. S. L. — Proceedings Zoological Soc. London.
Q. R. — Quarterly Review.
R. A. — Revue d'Antropologie.
R. A. — Revue d'Archéologie.
R. A. I. A. — Rapport Association Internationale Africaine.
R. C. — Revue Coloniale.
R. C. I. — Revue Coloniale Internationale.
R. E. — Revue Européenne.
R. G. — Revue Germanique.
R. D. G. — Revue de Géographie.
R. G. V. St-M. — Revue Géographique de Vivien St-Martin.
R. D. M. — Revue des Deux Mondes.
R. G. D. — Revue de Géographie de Drapeyron.
R. O. — Revue de l'Orient.

R. G. I. — Revue Géographie Internationale.

R. M. C. — Revue Maritime et Coloniale.

R. D. M. C. — Revue du Monde Catholique.

R. S. — Revue Scientifique.

R. S. — Revue Suisse.

R. P. — Revue Politique.

R. P. M. — Reformed Presbyterian Magazine.

R. S. A. C. — Royal Society of Antiquaries of Copenhagen.

S. A. F. A. S. — Secrétariat de l'Association française pour l'avancement des Sciences.

S. A. S. T. — Société adriatique des Sciences naturelles de Trieste.

S. D. P. H. Kl. K. A. W. — Sitzungsber philo. histor. Ks Königl. Akad. Wiss.

S. B. G. — Société Bretonne Géograph.

S. to. C. a. I. — Supplement to Colonies and India.

S. G. B. — Société de Geographie Belge.

S. G. C. — Société Géographie Cambrai.

S. G. G. — Sitzung der Geograph. Gesellschaft.

S. G. M. — Scottish Geogr. Magazine.

S. G. P. C. R. — Soc. Géog. Paris, Comptes rendus.

S. G. P. — Société Géographie Paris

S. G. F. V. C. B. — Schlesische Gesellschaft für Vaterländische Cultur, Breslau.

S. H. N. M. — Société Histoire naturelle, Ile Maurice.

S. L. G. - Société languedocienne de Géographie.

S. M. P. P. — Société Mission protestante, Paris.

S. N. G. — Senckenbergische Naturforschende Gesellschaft.

S. F. P. C. K. — Society for promoting ch. Knowledge, London.

S. P. T. — Science pour tous.

T. A. — The Atheneum.

T. A. G. — Tydschrift van het Aardrykskundig Genootschap.

T. B. A. — Transvaal Book Almanac.

T. B. G. S. Transactions of the Bombay Geogr. Society.

T. C. — The Colonies.

T. C. A. I. The Colonies and India.

T. OF THE E. S. L. — Transactions of the Ethnological Society of London.

T. H. S. L. C. — Transaction History Society Lancashire and Cheshire.

T. D. M. ou T. M. — Tour du Monde.

T. P. R. — Typographia Poliglotta Romo.

T. V. A. B. — Theolog. Verlags-Anstalt Brixen.

U. G. N. F. — Union Géogr. du Nord de la France, Douai.

U. L. — Universite de Liège.

U. L. — Université Louvain.

U. S. C. R. — United State Consular Report.

U. Z. Unzere Zeit.

V. B. G. F. A. — Verhandlung Berliner Gesell. für Anthropologie.

V. B. V. P. B. — Verhandlung Botan. Vereins der Prov. Brandenburg.

V. G. F. E. B. — Verhandlung Ges. für Erdkunde, Berlin,

W. A. — Wiener Abendpost.

W. M. — Westermann's Monatshefte.

W. V. — Wiener Vaterland.

Z. G. E. B. — Zeitschrift der Gesellschaft für Erkunde zu Berlin.

Z. K. K. A. W. — Zitzungsberichte der Kaiserl. Akad. der Wissenschaften.

Z. O. G. F. M. — Zeitschrift der Oester. Gesellschaft für Meteorologie.

Z. F. A. E. — Zeitschrift für Allgemeine Erdkunde.

Z. F. E. — Zeitschrift für Ethnologie.

Photographie de l'auteur faite en 1889 à

l'Exposition Universelle Paris

BIBLIOGRAPHIE GÉNÉRALE

d'ouvrages ayant trait

A L'AFRIQUE EN GÉNÉRAL

DANS SES RAPPORTS

avec l'exploration et la civilisation de ces contrées

depuis le commencement de l'Imprimerie jusqu'à nos jours.

Afrique centrale, équatoriale.

1 **Afrika.** Die Schwierigkeiten und gefahren der Erforschurg Inner-Africas, G. M P., 1858, p. 346. T. A., n° 1348, 27 aug. 1853, p. 1014. B. M., fév., mars, mai 1858.

2 **Adan, E.** Précis autographié d'un cours d'astronomie à l'usage des explorateurs de l'Afrique centrale, 4°, 25 f. Bruxelles, 1877.

3 **Afrique centrale.** Neu projectirte Dampfboot - Expedition nach central Afrika. G. M. P. (*Notizen*), 1855, page 23[illegible].

4 **Africa central.** Expediçao geographica portugueza a Africa-central. B. S. G. L., 1877, n° 2, p. 126-138.

5 **Afrique centrale.** Comité suisse pour l'exploration et la civilisation de l'Afrique centralo. *Documents officiels*, 1876 à 1879. 8°, 209 p., Genf., 1879.

6 **Afrique équatoriale.** Expédition allemande pour l'exploration de l'Afrique. L. G., t. XIV, 1875, livre 4-6, p. 228 269.

7 **Africa Equatoriale.** Spedizione Italiana nell Africa Equatoriale *avec* 1 *carte*, C. VIII, 1875-76, Heft VI-VII, p. 276-278.

8 **Afrique équatoriale**. Conférence sur — — — et les découvertes Géogr. modernes. J. C M., n° 2, 20 p. *avec* 1 *carte*, Bruxelles, 1879.

9 **Andrée, K.** Die Expeditionen Burton's und Speke's von Zanzibar bis zum Tanganika und Nyanza See, *avec* 4 *vues et* 1 *carte* Leipzig, 1861.

10 **Antinori.** Die Eisenindustrie der Djur in central-Afrika. I. Z, nov. 1862.

Le Marquis Antinori a passé l'hiver de 1860 à 1861 et plusieurs mois parmi ces peuplades.

11 **Antinori, O.** Viaggi di O. Antinori e C. Piaggia nell' Africa centrale, *avec* 1 *carte et* 1 *table-profil*. B. S. G. I., août 1868.

12 **Armand, P.** Les explorateurs marseillais dans l'Afrique centrale; MM. Zweifel, Moustier et Pastré. E. x., n° 200, p. 814-821.

13 **Association Internationale Africaine**. Journal et notes de voyage et rapport sur la marche de Cambier de Tabora à Karema. Bruxelles, Verhavert, 1879.

14 — — Rapport succinct sur la route suivie par notre caravane depuis Mpwapwa jusqu'à Mdabourou, frontière ouest de l'Ougogo, du 25 fév. au 6 mars, par Burdo A.

15 — — Extrait des rapports des voyageurs. Burdo A., n° 4, 1880. Bruxelles, Verhavert.

16 — — Comité national belge, séance publique du 1 mars 1878. 4°, 37 p. Bruxelles, Muquardt, 1878.

17 **Aucapitaine, H.** Les Yem-Yem, tribu anthropophage de l'Afrique centrale. N. A. V., octobre 1858.

18 **Ayuso, G.** Viages de Schweinfurth a Africa central. 8°, 255 p. Madrid, 1878.

19 **Barth, H.** Account of two expeditions in central Africa by the Furanys. J. R. G. S. L., vol. XXIII, 1853, p. 120-122.

20 — — Analyse der Reisebeschreibung Du Chaillu's « Explorations and adventures in Equatorial Africa. » London, Murray, 1861. Z. A. E., juin 1861, p. 430-467. G. M. P., litt., 1861 p. 367.

21 **Barth, H. v.** David Livingstone, der Afrika Reisende. C^t Afrika von Limpopo bis zum Somalilande. Erforschungsreisen im Osten Afrika's. Mit besonderer Rücksicht auf Leben, Reisen und Tod von David Livingstone. 8°, *avec* 2 *cartes et* 205 *illustr*. Leipzig, Spamer, 1875.

22 **Barth, H. Dr.** Die Expedition nach Central Afrika. Forschungen in Libtako und den östlich davon gelegenen Ländern. G. M. P., 1855.

23 **Baur, R. P.** Voyage dans l'Oudoé et l'Ousigoua. M. C., 882, n° 685.

24 **Beltrame, G.** Lettera scritta dall' Africa centrale ov'e missionario apostolico con annotazioni dell' ab prof. Fr. Nardi. 8°, Padowa, 1858, Bianchi.

25 *** Jahresberichte des Marien Vereins zur Beförderung der Katholischen Mission in Central Afrika. Wien, 1852-1857.

En avril 1846 le pape Grégoire XVI forma une mission pour l'Afrique centrale, pour empêcher la traite, sous les ordres du père Risllo. Le 11 fév. 1848, une station fut fondée à Chartoum.

26 **Berlioux, E. F.** Les anciennes explorations et les futures découvertes de l'Afrique centrale. 8°, 39 p., *avec* 1 *carte*. Lyon, impr. Perrin, 1879.

27 **Bernardin, R. J.** L'Afrique centrale, étude sur les produits commerciaux, *avec* 1 *carte*. Gand, 1877.

28 **Blonne, H.** Les explorations françaises au centre d'Afrique. E., 1878, n° 70, p. 609-615.

29 **Birgham, F.** Stanley's Expedition durch Central Afrika, II u. III. D. A., 1878, n° 8, p. 186-189; id. n° 11, p. 204-206; id. n° 12, p. 227-229.

30 **Bizemont, H.** La dernière expédition française dans l'Afrique équatoriale. E. 1879, n° 120-122.

31 **Bloyet et Wilson.** Lettres et notes sur l'Afrique équatoriale. B. S. F. A. J. A., 1881, n° 2.

32 **Bohm et Reichard, E.** Befahrung des Wala westlich von Gonda bis zu seiner Mündung. M. d. A. G. D., 1882, III, p. 209-216.

33 **Bowen, T. J.** Central Africa. Adventures and Missionary Labors in several countries in the interior of Africa from 1849 to 1856. London, Trubner et C°, 1857.

34 **Bradshaw, B. F.** Notes on the Chobe River. P. R. G. S., 1881, n° 4, p. 208 213, *avec carte*.

Chobe et Darfour. Nigritie centrale à 100 kilom. S. O. de Cobbé. Il y a dans les environs d'abondantes carrières de chaux.

35 **Brazza, Savorgnan de.** Rapport sur ses explorations. B. S. G. P. C. R. Paris, 1882, n° 13, p. 277-300, *avec carte*. B. S. G. J., 1882, n° 8, p. 621-642, *carte*. C., 1882, VII, n° 2.

36 **Brucker, P.** L'Afrique centrale des cartes du XVIe siècle. B. S. G. L., III, n° 17, p. 252-261.

37 **Brucker, J.** Découvreurs et missionnaires dans l'Afrique centrale au XVI° et XVII° siècles. 8°, 33 p. Lyon, Pitrat, 1878.

38 **Brunialty, A.** Il viaggio di Stanley attraverso l'Africa equatoriale. L. E., 1877, n° 4, p. 99-104.

39 **Buchta, R.** Reise nach central Africa. J. Z., 18 mars 1882, n° 2020.

40 **Burdo, A.** Voyage d'exploration dans l'Afrique centrale. B. S B. G., 1879, p. 299-302.

41 — — Letters. B. S. B G., 1880, n° 5, p. 498-534, *avec carte*.

42 — — Rapport sur la route suivie par notre caravane depuis Mdabourou jusque Kouihara (Tabora), du 27 mars au 7 avril 1880. A. I. A, 1880, p. 188-200.

43 — — Quelques observations sur l'Ougogo, ses routes et les tribus qu'on y exige des voyageurs. A. I. A., 1880, p. 201-205.

44 — — Expédition de Mpouapoua à Kouihara. R. G I., 1881, n° 71, p 182 191.

45 — — Itinéraire succinct de la route de Saadani à Mpwapure. A. I. A., Brux., 1880, p. 155-161.

46 — — Lettre datée 20 fév. 1880, de Mpwapwa. A. I. A., 1880, p. 118-119.

47 — — Rapport de l'Association internationale africaine. 1880, n° 4, p. 167-205.

48 **Burton, R.** Ethnological notes on M. du Chaillu. Explorations and adventures in equatorial Africa. T. of the E., 1861, p. 316-326.

49 — — The lake region of central Africa, a picture of exploration. 2 vol. London, 1860.

50 **Burton, R.-F.** On the Ukara or the Ukerewe Lake of Equatorial Africa. P. R. G. S. L., v. XVI, n° 2, p. 129-132.

51 — — M. Stanley 's expedition. T. A., 27 nov. 1875, p. 712-713.

52 — — An account of an exploration of the elephant Mountain in Western equat. Africa. J. R. G. S. L., vol. XXXIII, 1863, p 241-250

Le Nango ou Montagne des Elephants a une hauteur de 17°7 pieds anglais et une largeur de 11 lieues angl. Se trouve à 2° 52 lat. Nord.

53 **Bushnell, A.** Letter from equatorial Africa. July 1854. I. A. O. S., New-York, 1855, p. 264-265.

54 **Burman, K.** Im Herzen von Afrika.

55 **Cadenhead.** Lettre datée de Mpwapwa, le 20 fév. 1880. A. I. A. Bruxelles, 1880, p. 120-121.

56 **Cambier.** Lettre de Karema, datée du 6 janvier 1880. A. I. A. Bruxelles, 1880, p. 113-115.

57 — — Rapport sur la marche de Tabora à Karema. A. I. A., 1879, p. 65-79.

58 — — Lettre datée de Karema, 24 sept. 1879. A. I. A., 1879, p. 80-81; id. du 22 nov. 1879; id., 1880, p 103 106.

59 — — Conférence sur l'Afrique centrale. 8°, 31 p. *avec carte.* Bruxelles, 1881.

60 — — Afrique équatoriale. La route de Mpwapwa. E., 1878, n° 79, p. 213-226.

61 — — Rapport sur l'expédition de l'Assoc. int[le] africaine. S. G. B., n° 5, p. 472-486.

62 — — Excursion sur la route de Mpwapwa. S. B. G. B., 1878, n° 3, p. 193-211.

63 — — Rapport sur la marche de Karema à Tabora. A. J. A., 1879, n° 2, p. 65 84, 1 *carte.*

64 **Cambier et Dutrieux** Rapport sur les marches de la première expédition de l'Association internationale africaine. 8°, 64 p. Bruxelles, 1879.

65 **Cameron, V. L.** Journal from Unyanyembe to Ujiji. P. R. G. S., XIX, 1875, n° 11, page 136-155.

66 — — A map of tropical Africa, issued under his superintendance. London, Sampson, Low et C°, 1878.

67 — — Letters detailing the Journey of the Livingstone east coast expedition from lake Tanganika to the west coast of Africa. P. R. G. S., vol. XX, 1876, n° 11, p. 118-134.

68 **Cameron** in central Africa. N. F., vol. XIII, 1876, n° 324, p. 202.

69 — — Reise durch mittel-Afrika. B. A. A. Z., 25 juin 1876, p. 2714-2715.

70 **Cameron.** Die Expedition. C. A. G., 1876, n° 27, p. 307-314.

71 **Cameron, V.-L.**, Lieut^{t}. Journey across Africa, from Bagamoyo to Benguela. P. R. G. S., vol xx, 1876, n° iv, p. 304-328.

72 **Capitaine, H.** Nossi-Bé et dépendances. E., 1878, n° 66, p. 481-487.

73 **Carter.** Lettre, datée du 17 décembre 1879. (Afrique centrale). A. I. A., Bruxelles, p. 109-112.

74 **Cegani, G.** Delle spedizioni geografiche Africane e della Italiana nell' Africa equatoriale. 8°, 23 p., Venezia, 1876.

Tiré de la *Gazetta di Venezia*, 13 et 17 avril 1876.

75 **Central Afrika**, Die hauptsächlichsten Staatengruppen. Eine politisch geogr. Übersicht nach Dr Barth's Reisewerk.

Cet article qui contient, outre plusieurs dessins relatifs au Niger, Bornu, relate des aperçus sur le royaume de Bornu, «die Reiche Logone und Mandara. — Heidnische Grenzländer im Süden von Bornu — Das Reich Kanem. — Die heidnischen Bewohner des Tsa.

76 — — Three years in — — being a history of the Oxford, Cambridge, Dublin and Durham mission. Préparé par ordre du Comité général. 8°, 106 p., *avec* 1 *carte*. London, Bell, 1863.

77 — — Colburn's New Monthly Mag., 1 june. G. M. P., 1857, p. 441.

C'est un court aperçu, tiré de l'ouvrage du Dr Barth «Reisen und Entdeckungen in Nord und central Afrika.»

78 — — Die Neuesten Forschungen und Entdeckungen in — — III und IV. D.A., 1876, n° 3, p. 46-52; n° 4, p. 65-69.

Sur les voyages de Stanley et Cameron.

79 — — Three years in central Africa, being a history of the Oxford, Cambridge, Dublin and Durham mission. 8°, 106 p. London, Bell, 1863.

80 **Charmetant, R.-P.** Carte de l'Afrique équatoriale. M. C. Lyon, 1881.

81 — — Hobock et la colonisation française dans l'Afrique centrale. E., XII, n° 248.

82 **Chavanne, J.** Karte von central Africa, 1.500.000. Vienne, Hartleben, 1881.

83 — — Central Afrika und die neueren Expeditionen zu seiner Erforschung. Wien, Hartleben, 1876.

84 **Compiègne, de.** L'Afrique équatoriale. Okanda, Bangouens, Osyeba. 18°, 372 p., *avec* 1 *carte*. Paris, Plon, 1875.

85 — — Notes sur le commerce dans l'Afrique équatoriale. B. S. G. L., I, 1875, n° 2, p. 127-136.

86 **Cooley, W. Desborough.** The Negroland of the Arabs examined and explained ; or an Inquiry into the Early History and Geography of central Africa. L., 1841. Imprimé dans le J. R. G. S., 1842, XII, p. 120-124.

87 **Cora, G.** Esplorazioni di P. Brazza nell Africa equatoriale. C., VI, n° 12.

88 **Codeiro.** Les premières expéditions de l'Afrique centrale. B. S. G. L., II, n° 11

89 **Cordeiro, L.** Expedicão geog. portug. a Africa central. S. G. L., 1878, n° 3, p. 204-209.

90 *** Die neue Dampfboot-Expedition nach central Africa. G. M., 1857, p. 110.

91 **Delavaud, L.** Les peuples blancs de l'Afrique centrale. B. S. G. N., juillet 1882, p. 237-241.

92 — — Les Portugais dans l'Afrique centrale avant le dix-septième siècle. B. S. G. P., avril 1879, p. 358-367.

93 — — Les Portugais dans l'Afrique centrale avant le XVII° siècles. B. S. G. R., 1879, n° 1, p. 25-51.

94 **Denham.** Den berg mindif in central Aafrika

Au mois de mai 1823, dans une excursion faite par le major Denham, à Mandara, il vit une montagne appelée Mendefy, qui ressemblait beaucoup aux « aiguilles » des Alpes Suisses et qui devait être le point culminant d'une chaîne de montagnes. Sa position était, d'après lui, 8°55' lat. Nord et 14°45' long. E. de Greenwich.

95 **Denham, D. et Clapperson, H.** Narrative of travels and discoveries in northern and central Africa in the years 1822, 1823 et 1824. London, 1826.

96 **Düben, G. von.** Forskmingarne i central Afrika. 148 p., *avec* 1 *carte*. Stockholm, Samson et Wallin, 1878.

97 **Du Chaillu.** Reisen im Aquatorialen Afrika. G. M. P., 1860, p. 139.

Dans cette contrée, au Nord de l'Equateur, il se trouve 3 fleuves. Le *Muni* ou *Danger*, le *Munda* et le *Gabon*. Au Sud de l'Equateur se trouvent le Nazareth, Meniao, Fernando, Vaz, qui sont formés d'un fleuve Ogobay ; l'embouchure du Nazareth se trouve à 41' l. B. et 9° 3. Ost. l. de Gr. — Le Meniao (56' l. Br. 8°, 47' Ost. l. de Gr.). — Le Fernando, Vaz. 1,17' l. Br. et 8°, 58 Ost. l.

98 **Du Chaillu.** Neueste Nachrichten von — — im aquatorialen Afrika. G. M. P., 1859, p. 123.

Se trouvait à ce moment à Nazareth-Fleufe. (Son projet d'aller du Gabun au Congo n'avait donc pas réussi.)

99 **Du Chaillu, P. B.** Explorations and adventures in Equatorial Africa; with account of the manners and customs of the people and of the chase of the gorilla, crocodile, leopard, elephant, hippopotamus and other animals. 8°, 496 p., *map. illust.* London, Murray, 1861.

100 — — Equatorial Africa, with an account of the race of Pigmies. J. A. G. S. S., VII, vol II, 1870.

101 **Dupeschel, A.** Projet de chemin de fer dans l'Afrique centrale. E. G. C., 1875, n° 31, p. 222-224; n° 32, p. 267; n° 34, p. 293-294; n° 37, p. 365-367; n° 39, p. 415-417; n° 45, p. 569-573; 1876, n° 63, p. 393 377.

102 **Durand,** Abbé. Expédition portugaise de Brito et de Capello dans l'Afrique centrale. R. G. I., 1880, n° 60, p. 196-201.

103 — — Les explorateurs du centre de l'Afrique. S. A. F. A. S., Paris, 1876, 8°, 11 p.

104 **Dutrieux.** Rapport sur l'expédition belge de Mpouapoua à Ouyoui. R. G. I., 1879, n° 44 und 45.

105 **Duveyrier, H.** Les derniers envois de Stanley, son exploration de Loukouga. P. S. G. P., mai 1877, p. 534-545.

106 — — Traversée de la Zone sud de l'Afrique équatoriale (1873-1874), par le lieutenant V. L. Cameron, *avec 1 carte du voyage entre Ujiji et Cha Kalembi par J. Hansen.* B. S. G. P., 1876, février, p. 123-129.

107 **Elton, J.-F.** Travels and Researches among the Lakes and Mountains of Eastern and central Africa. From the journals edited and completed by H. B. Cotterill. 8°, 417 p., 3 *cartes.* London, Muray, 1879.

108 **Emin Bey.** Note sulle Provincie equatoriale Egiziani. E^re, II, n° 10, p. 340-343.

109 — — Reise von Gondokoro nach Obbo. M. d. K. K. G. G. w., 1882, n° 2, p. 181-190.

110 **Erhardt, J.** Memoire zur Erläuterung der von ihm und J. Rebmann zuzammengestellten Karte von ost und central Afrika. G. M. P. 1856.

111 **Erhardt J.** On an Inland Sea in central Africa. P. R. G. S., 1856, p. 8.

112 **Erhardt J.** Memoire zur erlaüterung der von ihm und J. Rebmann zuzammen gestellten karte von ost und central Africa nebst bemerkungen von H. Desborough Cooley und A. Petermann. G. M. P., 1856, p. 19.

113 **Felkin Rob. W.** Vorschlag zu einer Luta-Nzige expedition. D. A., 1882, nº 31, p. 601-606.

114 **Flegel E.** Reisebriefe. M. A. G., II, nº 5, p. 247-251.

115 **Garcia Ayuso, F.** Viages de Livingstone al Africa central desde 1840 à 1873. 8º, Madrid, Marots, 1876.

116 **Geddie J.** The lake regions of central Afrika. 8º, 276 p. London, Nelsons, 1881.

117 **George C.** Dʳ E. Vogels, Längen und Breiten Bestimmimgen in central Afrika. G. M. P., 1857, p. 526-527.

118 **Gessi R.** Une mission scientifique dans l'Afrique centrale. E., 1878, nº 92, p. 637-643.

119 **Gierow P.** Die Schutt' Sche expedition. M. d. A. G. D., III, nº 2, p. 95-135.

120 **Gordon Col.** Central Africa 1874-1879, préparé d'après les documents originaux, édité par G. B. Hill. 8º, 474 p., *avec carte.* London, De la Rue, 1881.

121 **Gouthier M.** Eenige bladzyden over midden Afrika en zyne bewoners.

122 **Griffith W.** Ugoma, central-Africa. C. L. M. S., 1882, nº 5, p. 139-142.

123 **Gumprecht T. E.** Schnee und neue schneeberge im tropischen Afrika. G. Z. A. E , I, 1858, p. 230-240.

124 **Hotz R.** Die erschliessung central-Afrika's. 8º, Basel, Schweighauser, 1880.

125 **Johnson, W. P.** Journeys in the Yao Country and discovery of the sources of the Lujende. P. R. G. S., 1882, IV, nº 8, p. 480-484, *avec carte.*

126 **Junker W.** Notizen über meine reise von Lado'nach Makaraka. Z. G. f. E., Berlin, 1878, t. I, p 33-49.

127 **Junker.** Über seine dreijahrigen reisen in den äquatorialen provinzen central Africa's. V. G. E., Berlin, 1879, nº 6, p. 204-217.

128 **Junker, W.** Voyages dans l'Afrique équatoriale. B. S. K. G., 1880, nº 7, p. 19-36.

129 **Kiepert R.** Einige bemerkungen über die Schütt 'schen aufnahmen. M. d. A. G., II, nº 1, p. 14-17.

130 **La Croix L.** Projet d'exploration dans l'Afrique centrale par l'Uelle. B. U. G. N. F., déc. 1880, *avec carte.*

131 **Ladislaus Magyar.** Erforschung von iuner Afrika. G. M. P., Notizen, 1860, p. 45.

132 **Lanoy de, F.** Le Niger et les explorations de l'Afrique centrale depuis Mongo Park jusqu'au Dr Barth. Paris, Hachette, 1858.

133 **Last, J.-T.** The Masai people and country. P. R. G S., 1882, nº 4, p. 224 226.

134 **Laveleye, E.** L'Afrique centrale et la conférence de Bruxelles. 8º, 219 p., *avec 2 cartes.* Genf. Sandoz, 1879.

135 — — id. — — géographique de Bruxelles. 12º, 87 p., Bruxelles, Muquardt, 1877.

136 — — id. — — — — de Bruxelles. 12º, 220 p., *avec 2 cartes.* Bruxelles, Muquardt, 1878.

137 **Lavigerie Mgr.** Les missions de l'Afrique équatoriale. M. C., 1881, nº 1, p. 7-18.

138 **Laharpe L.-M. de.** L'exploration et la civilisation de l'Afrique centrale. L. G., 1877, t. 2, p. 35-61.

139 **Linant de Bellefonds. E.** Itinéraire et notes. Voyage de service fait entre le poste militaire de Fatiko et la capitale de M S' Tesa, roi d'Uganda. B. T. S. K. G. C., 1876, nº1, p. 1-104, fév., juin 1875, *avec* 1 *carte.*

140 **Livingstone.** Letzte Reise von — — in central Afrika von 1865 biszu seinem tode 1873. Von H. Waller, 8º, Hambourg, Hoffmann et Campe, 1875.

141 — — The last journals of — — in central Afrika from 1865 to his death. 2 vol 8º, *avec 2 cartes et* 40 *illust.* London, Murray, 1874.

142 **Long, Colonel.** Mission to King M' Tesa, Uganda. P.R.G.S., xix, 1875, nº 11, p. 107-110.

143 **Long, Col. et C. Chaillé.** Central Africa: Naked Truths of naked People. An account of expedition to the lake Victoria Nyanza and the Ma Kraka Niam-Niam. 8º, 340 p., London, Low., 1876.

144 **Macqueen J.** Remarks on Portuguese journeys in central Afrika. 8º, London, Hurst, 1860.

145 — — Notes on the Geography of central Africa from the researches of Livingstone, Monteiro Graça and others, mit karte (Ebenda).

146 **Mann Dr R. J.** Recent explorations of the Lake Systems of central Afrika. J. S. o. A., 16 fev. 1877.

147 **Maraini Ing. C.** Relazione al consiglio della Societa Geografica intorno a una spedizione nell' Africa equatoriale. G. U. R. I., 27 mars 1875.

148 **C. Mazet, de.** Chemin de fer dans l'Afrique centrale, *avec* 1 *carte*. E. G. C., 1875, nº 41, p 470-471.

149 **Mellon-Leduc.** Projet d'exploration dans l'Afrique centrale. Mémoire renfermant une proposition soumise aux chefs des gouvernements des quatre puissances qui ont des établissements sur les côtes de l'Afrique : La France, l'Angleterre, le Portugal, et l'Egypte. B. A. B., 1853, in 8º, nº 4119.

150 **Mitterrutzner J. C** Geographische Notizen aus dem Apostolischen Vikariate in central Afrika, *avec* 1 *carte*. P. K. K. G. Brixen, 8º, 1861.

151 **Monbuttu.** Aus dem lande der — — in central-Afrika. L. I. Z., 1873, nº 1542.

152 **Nachtigal G. Dr.** Sklaven jagden in central Afrika. K. Z., 20-28 july 1873.

153 — — Voyage dans l'Afrique centrale, 1869-74, *avec* 1 *carte*. B. S. G. P., fév. 1876, p. 128-155 ; mars, p. 255-277.

154 **Nagel.** Uber die Entdekungenreisen im mittleren Africa. G. M. P., page 40.

155 **Normand Ch.** Le chemin de fer central africain. R. G. I., 1880, nº 48, p. 235-237.

156 **Petermann, A.** Dr H. Barth's Reisen in Nord-und central Afrika.
1 carte de la route de Katsena à Surrikulo en 1851-54;
1 » » Tscheiessema à Kukaua id.;
1 » » Kukaua à Yola, july 1851. G. M. P., 1857, p. 275, *voir litteratur*.

Les deux premières cartes sont à l'échelle de 1 : 1.000 000 et la 3e 1 : 800 000.

157 — — Th. von Heuglin 's expedition nach Inner Afrika. 7e nouvelle. Aus keren in den Bogos-Landern du 20 août au 19 octobre 1861. G. M. P., 1862, p 15-29.

158 — — Dr E. Vogels reise nach central Afrika, dritter abschnitt: Reise nach Musgo und Tubori, mars bis juni 1854, mit karte, skizze. G. M. P., 1857, page 130.

159 — — Karte eines Theiles von ost und central Afrika mit angabe der wahrscheinlichen Lage des see's von Uniamesi Nach J. Erhardt's, *original*. G. M P., 1856, tafel I.

160 — — Dr Edouard Vogels reise nach central Afrika. 2ter absch: Beobachtungen uber die umgegend des Tsad-See 's und Kuka, 1854, G. M. P., 1855, heft v, page 165.

161 — — Standpunkt der Erforschung von aquatorial Afrika, 1877. Nebst roher vorläufiger Skizze von Stanley's Endeckung des Kongo. 1876-77. Gotha, J. Perthes, table 22.

162 — — Th. V. Heuglin 's Expedition nach Inner Afrika, G. M. P., 1861, p. 83.

163 — — An account of the progress of the expedition to central Africa. 1854.

164 **Peyer G.** Die Erschliessung central Afrika's, 8o, Basel, Bahnmaier, 1881.

165 **Piaggia C.** Dell arrivo fra i Niam Niam e del soggiorno sul lago Tzana. 8o, Lucca, 1877.

166 **Popelin.** Lettre de Karema, datée 9 déc. 1879, A. I. A., Bruxelles, 1880, p. 106-109; id. 9 janvier 1880, id. p. 115 116.

167 **Prédieri P.** Dei paesi, dei popoli e dei prodotti scoperti dai moderni viaggiatori dell'Africa equatoriale. 8o, 92 p., *avec* 1 *carte*. Bologna, Cenérelli, 1878.

168 **Quesnoy du P.** Quatre ans dans l'Afrique centrale. L. C., 25 mars 1876.

169 **Rabaud A.** L'abbé Debaize et sa mission geographique et scientifique dans l'Afrique centrale. 8°, 68 p., Marseille, Feissat, 1880.

170 — — L'Afrique équatoriale, *avec carte*, B. S. G. M., 1881, n° 4.

171 **Rankin L. K.** The elephant experiment in Africa ; a brief account of the Belgian elephant expedition on the march from Dar-es-Salaam to Mpwapwa. P. R. G. S., 1882, n° 5, p. 273-289.

172 **Reuter M.**, Capitaine. De l'acclimation des Belges dans l'Afrique centrale. 12°, 16 p., Bruxelles, 1878.

173 **Richardson J.** Narrative of a mission to central Africa, 1850-1851, *avec carte*, 2 vol. 8°, London, 1853.

174 **Roger.** Lettre de Mpwapwa, datée 20 fév. 1880. A. I. A., p. 119-120.

175 **Rohlfs G.** Das Gora Gebirge in central Africa. D.A., 1870, n° 51.

176 — — Pfahlbauten der Neger in central Africa. G. B^{d}, XVIII, 1871.

177 **Roscher 's A.** Reise nach inner Africa. G. M. P. *(Notizen)*, 1858, p. 344 ; 1859, p. 518 ; 1860, p. 197 ; 1860, p. 280-281.

178 **Schauenburg E.** Die reisen in central Afrika von Mungo Park bis aus Dr H. Barth und Dr Ed Vogel. Lahr, Schauenburg et Cie, 8°.

179 — — id. id. mit eine ubersichts karte von nord und midel Afrika und zwei portraits. id. G. M. P., litt. 1859, p. 276.

180 — — id. 8° *dessins, illust. et 2 cartes.* id. id. 1858 et 1861.—Voir la notice G. M. P., 1858, p. 438.

181 **Schweinfurth G.** Nel centro dell Africa, tre anni di viaggio etc. 4 vol. 16°, Mailand, Muggiani, 1879.

182 — — Uber die Art des Reisens in Afrika, D. R. von I. Rodenberg, Berlin, fév. 1875, p. 245-275.

183 — — Reisen in inner Afrika. G. XXVI, 1874, n° 18, p. 274-279 ; id. n° 19, p. 289-294 ; id. n° 20, p. 305-307 ; XXVII, 1875, n° 7, p. 97-103 ; id. n° 8, p. 113-117.

184 — — Artes Africanae. Abbildungen und Beschreibungen von Erzeugnissen der Kunstfleisses central Afrikanischer Völker, *avec texte allemand et anglais, fol. avec* 21 *tables*. Leipzig, Brockhaus, 1875.

185 **Schweinfurth G.** Au cœur de l'Afrique, continuation. T. D. M., XXVIII, 2e sem. 1874, p. 209-288.

186 — — id. 1868-1871, voyages et découvertes dans les régions inexplorées de l'Afrique centrale, traduit par Mme H. Loreau. 2 vol. 8o, 954 p., 2 *cartes et* 139 *grav*. Paris, Hachette, 1875.

187 — — Briefe aus central Africa. K. Z., déc. 1870.

188 *** Spedizione Italiana n'ell' Africa équatoriale. Lettere di Antonelli, Antinori, Cecchi, Chiarini. Massaia. B. S. G. I., 1879, no 3, p. 109-116 ; id. no 6, p. 347-432, *avec carte* ; no 8, p. 543-550.

189 — — id. La — — nell' Africa equatoriale, B. S. G. I., 1878, t. 2., p. 65-71.

190 — — id. nell Africa équatoriale. Relazione del marchese Antinori, Cecchi, Chiarini. M. S. G. I., 1878, I, p. 161-236.

191 **Speke** Capt. Neue Reise nach Inner Afrika. G. M. P., 1860, p. 198.

192 **Speke H.** On the commerce of central Afrika, T. B. G. S., 1860.

193 **Stanley H.-M.** Recent explorations and discoveries in central Africa. P. R. G. S., 1878, no 2, p. 144-165.

194 **Stanley H.** St. in central Afrika. G. XXX, 1876, no 11, p. 166-170; no 12, p. 183-184; no 13, p. 198-199; no 14, p. 215-217.

195 **Stanley**. Forschungsreise im central Afrikanischen see'n gebiet. G. T., XXXI, 1877, no 18, p. 277-281.

196 — — Seconda Spedizione, nell Africa equatoriale 1874-75, *avec* 1 *carte*. C. G. C., III, 1875, no IV-V, p. 121-167.

197 **Tinne. John A.** Geogr. notes of expeditions in central Africa by three Dutch Ladies. 8o, 44 p., *avec 2 cartes*, d'après les T. H. S. L. C., XVI. Liverpool, Brakell, 1864.

198 **Toula F.** Die Cannibalen und Zwerge im äquator Afrika. W. A., 1878, no 267-268.

199 **Tremaux**. Eclaircissements géographiques sur l'Afrique centrale et orientale. C. R. H, août 1863.

200 — — Remarques sur l'Afrique centrale et orientale, *avec* 1 *carte*. B. S. G. P., 1862, p. 69-86 et 147-165.

201 **Unyamwesi.** König Mirambo's reich. G, 1878, t. XXXIII, no 4, p. 54-57 ; id. no 5, p. 65-71.

202 **Vaillant A.** L'Afrique équatoriale. R. M. C., sept. 1863.

203 **Vanden Heuvel.** Lettre de Tabora, Kouiharah, datée du 25 janvier 1880. A. I. A., 1880, p. 117-118.

204 **Vivarez M.** La Zériba Ben Oued Keubli. Projet de fondation de factorie française en Afrique centrale. 8°, 79 p., *avec* 1 *carte*. Paris, Plon, 1878.

205 **Vivien de St Martin.** Sur l'Afrique équatoriale et du Chaillu. *Le Temps* (journal), 23 sept., 14 octob. 1861.

206 — — Quelques vues sur les explorations à effectuer dans la zone équatoriale de l'Afrique. A. G., t. I, p. 52.

207 **Vogel Dr.** On the Ivory-trade of central Afrika. P. R. G. S. L., VI.

108 **Vogel's E** Reise in central Afrika G M. P., 1859, p. 485.

209 **Vogels E. Dr.** Reise nach central Afrika, 2e Abschnitt. Beobachtemgen über die ungegend des Tsad-See's und Kuka, 1854. F. G. M. P., 1856.

210 **Watbled E.** Les relations de l'Algérie avec l'Afrique centrale. R. m., 1879, LXII, n° 214, p. 70-87).

211 **Wauters A.** L'Afrique centrale et le lac Sachaf, d'après les Portugais. R. G. J., 1881, n° 68, p. 142-147.

212 — — L'Afrique centrale en 1522. Le lac Sachaf d'après Martin Hylacomilus et G Mercator. Bruxelles, 1879, *avec facsimile de la carte de Waltzemüller*.

213 — — Karema, première station de l'Association internationale Africaine. B. S. B. G., 1880, n° 1.

214 — — De Bruxelles à Karema, expedition Cambier. 16°, 130 p. Bruxelles, Lebègue, 1882

215 — — Le capitaine Cambier et la première expédition de l'Association internationale Africaine belge. 8°, 30 p., *avec carte*. Bruxelles, Muquardt, 1880.

216 **Wautier et Cambier.** Rapport sur les premières marches de la caravane de l'Association internationale Africaine. S. S. B., 8°, 16 p. Bruxelles, 1878.

217 **Wehl Ch.** Excursion au pays d'Umzila. M. C., 1881, n° 625, p. 243-246.

218 **Wissmann** Lieutt. Reisebriefe. M. d. A. G., III, n° 2, p. 149-154.

219 **Wilson E. T.** A journey from Kagei to Tabora and back. P. R. G. S., 1880, nº 10, p. 616-620.

220 **Ziegler A.** Die eerste deutsche expedition nach Inner Afrika. Een national-unternehmen. 8º, Dresden, 1861.

(Voir Supplément.)

Congo ou Zaïre.

221 **Afrique équator.** Climat de l' — — et équat., Z. d. o. G. f. m., XIX, juni 1884, p. 294-297.

222 — — A l'assaut des pays nègres, J. M. d'A. 8º, 347 p., *avec cartes*. O. E. d'O. Paris, 1884.

223 **Amaral F. de.** O Caminho de ferro de Ambaca, B. S. G., Lisboa, 1882, III, nº 3, p. 143-160.

224 **Armand P.** Le dernier voyage de Brazza. S. B. S. G. Marseille, 1882, nº 7, p. 239-247.

225 **Aube T.** La pénétration dans l'Afrique centrale, 8º, 32 p. Paris, Challamel, 1883.

226 **Augouard R.-P.** Voyage à Stanley Pool. M. C., 1882, nº 665, *carte*.

227 — — A la suite de Stanley et de Brazza au Congo, M. C., 1883, XV, nº 712, p. 37-42.

228 — — La mission de Stanley Pool, M. C., 1885, XVII, nº 832, p. 229.

229 — — De Brazzaville à l'Equateur, M. C., 1886, XVIII, nº 865, *avec carte*.

230 * * * Austrag zur exploration des Inneren von Angola und Congo für Balthazao de Castro und seine Genossen aus dem jahre 1526. Manuscript der Torre do Tombo zu Lissabon, Lisbonne, 1878, p 14, s. Annig. 18.

Imprimé par L. Cordeirs dans son Hydrographie Africaine au XVIº siècle.

231 **Ballay, Dr.** De l'Ogôoué au Congo. C. R. S. G. Paris, 1885, n° 9, p. 279.

232 **Barbot, Casseneuve.** Bemerkungen über Kabinda und Kongo-Zaïre-Mündung, Sogno u. s. w. (1700) in Churchill's collection, v. 5, p. 497, und Historie der Reisen. Bd. IV, p. 629-650.

233 **Bastian, A.** Afrikanische Reisen. Ein Besuch in San Salvator, der Hauptstadt des Königr. Congo. Ein Beitrag zur Mythologie und Psychologie. Bremen. Strach, 8°. G. M. P., 1859, p. 167.

San Salvator ou Ambassa est la capitale du royaume de Congo.

234 **Bauman,** Projectirte geodatische Arbeiten von Dr A. Lenz' österl. Kongo Expedition. Mitt. K. K., Geogr. Gesellsch. Wien, 1885, XXVIII, p. 338 342; — — Die Quelle-Frage, id., p. 342-348. — — Die Umgebung von Ango-Ango am untern Kongo; id. 18.6, XXIX, n° 3, p. 129-133, *avec carte.*

235 **Bedingfeld, N. B.** On the Congo. P. R. G. S, vol. IV, n° 2, 1860.

236 **Bentley, W.-H. et Crudgington.** The Congo Mission, diaries of Journey to Stanley Pool, *avec carte.* P. R. G. S., 1881, n° 5, p. 257-278.

237 * * * Beschryvinge van 't Koningryck Congo met-t-bepalende landt, Angola. Amsterdam, 1650.

238 **Bichet, R.-P.** Journal du voyage à la suite de M. de Brazza. M.C., 1884, XVI, n° 771, *avec carte.*

239 **Boutet, L.** L'expédition portugaise au Congo. E., 1877, n° 35.

240 **Brazza, S. de.** La colonisation française dans le Haut Ogoué et le Congo. (E., 1882, XIV, n° 294, p. 491-494; de l'Atlantique au Congo intérieur. B. S. G. C., Paris, 1882, IV, n° 4, p. 271-277; — — Voyages d'exploration, Ogooué et Congo. R. M., 1883, LXXVI, n° 258.

241 — — Mission franç. de l'Ouest africain. C. R. S. G. Paris, 1886, n° 2, p. 51, *avec carte.*

242 **Bruce, C.** Round Africa; being some account of the peoples and places of the dark Continent, 8°, 232 p. London, Cassell, 1882.

243 **Brunialti, A.** Scoperte, commerci, colonie degli Europei nei bacini del Ogoué e del Congo. B. S. G. Italienne, 1883, VIII, n° 3, p. 169-186.

244 **Buonfanti, M.** L'incivilimento dei negri nell' Africa intertropicale. Archiev. per l'antropologia et l'etnolog., 1885. xv, n° 2

245 **Burdo, A.** Les Belges dans l'Afrique centrale, leurs voyages, aventures et découvertes, d'après les documents et journaux des voyageurs. 8°, Bruxelles, Maes, 1884.

246 — — Les Arabes dans l'Afrique centrale. 8°, 48 p., Paris, Dentu, 1885.

247 **Burton, R. et Selim Agha.** A trip on the Congo or Zaïre River. G. M., juillet 1875, p. 203-209.

248 **Burton, R. F.**, Capt. Two trips to Gorilla land and the cataracts of the Congo 2 vol. 8°, 600 p., *avec* 1 *carte*. London, Low, 1875.

249 — — The Upper Congo versus Europe. Ay., 7 mars 1883, n° 570, p. 239-241.

250 **Büttner.** Reiseberichte.Mitt. Af. Ges., 1885, IV, n° 6; id. 1886, V, n° 1, *avec carte*.

251 **Cameron, V. L.** The Congo free state. Rev. Col. Int. 1885, I, n° 3, p. 201.

252 **Campbell, J.** Remarks on the geography and hydrography of south western Africa. P. R.G.S., n° VIII, G.M.P. *notice*, de 1857, p. 441.

Campbell affirme que le Congo prend sa source à quelques degrés de latitude plus bas que l'endroit de son embouchure; mais à une grande distance de la côte. Il donne quelques notes sur le pays avoisinant son embouchure. Dr Livingstone repète, à cette occasion, les renseignements qu'il a acquis sur le Congo et ses affluents.

253 **Camperio, M.** Stazion internazionali al basso Congo, Er, 1883, VII, n° 2, p. 60 62, *avec carte*

254 **Casman.** Journal d'un voyage entre Léopoldville et l'équateur, M. G. B., 1885, II, n° 10, p. 38.

255 **Cassiodorum, A.** Beschreibung des königreichs Congo in Afrika, Francfurt, 1597.

256 **Castro, A. J. de.** O Congo em 1845 Roseiro da viagem ao reino do Congo par major da provincia de Angola. B S. G. Lisboa, 1880, n° 2, p. 53.

257 **Cavazzi de Montecuccolo, G. L.** Istorica descrizione dei tre regni Congo, Matamba et Angola, situati nell Etiopia inférieure occidentale. Bologne, 1687.

258 **Chavanne, J.** Das Gebiet des Kongo-Unterlaufes. G.R., 1883, VI, n° 1, p. 25-31.

259 **Chavanne, J.** Lettres du Congo. M. G. Bruxelles, 1884, I, n° 8.

260 — — Reisen im Gebiete des Muschi-Congo im portugiesischen West Afrika, *avec carte*, G. M. P., 1886, IV, p. 97-106.

Cette carte donne comme position astronomique les points suivants :
N'Kongolo 5° 44' 1" lat. s., 13° 38' 41" L. E. de Greenwich.
Nokki 5° 46' 22"
Vivi 5° 41' 7" » 13° 42' 33" » »

Les instruments employés furent un petit instrument universel de Neuhöfer de Vienne, un sextant de Negrett Zambra de Londres, deux anéroïdes de Neuhöfer à Vienne et un thermomètre de Baudin de Paris.

261 — — Die Kongobahn. G. R., 1886, VIII, n° 6, p. 241.

262 **Carvalho, H. de.** Expediçao ao Muata Yanvo, B. S. G. Lisboa, 1885, V, n° 8, p. 476.

263 **Comber, T. J.** Explorations round Congo. M. H., 1880, n° 12. p. 401-404, *avec carte*.

264 — — Explorations inland from Mount Cameroons and journey through Congo to Makuta. P. R. G. S., 1879, n° 4, p. 225-240, *avec carte*.

265 — — Brief account of recent journeys in the interior Congo. P. R. G. S., 1881, n° 1, p. 20-26, *avec carte*.

266 — — The Congo mission, Letters. M. H., juin et nov. 1882; mars 1883.

267 — — A boat journey round Stanley Pool. P. R. G. S. London, 1884, VI, n° 2, p. 71-76, *avec carte*.

268 — — The Congo mission. M. H., janv. 1885, p. 6, *avec carte*.

269 **Congo-Strom**, Segelanweisung für den Congo-Strom von seiner Mündung bis Embomma. A. H., 1879, n° 4, p. 183-184.

270 **Congo**, Brazza et Stanley au — —. E., 1882, XIV, n° 300; p. 719-732.

271 **Congo**. Die Pogge-Wismann'sche Reise, quer durch das südliche Kongo-Gebiet. A. 1883, n° 2, 6, 7, 8, 30.

Le n° 30 contient le portrait du Dr Pogge; le n° 6 celui de Wissmann.

272 **Congo Treaty**, Correspondence relating to negociations between the governments of Great Britain and Portugal for the conclusion of the — — 1882-1884, fol 39 p. *avec carte*, B. B. C. 1885. London, 1884.

273 **Coquilhat.** Le haut Congo. B. S. R. G. Anvers, 1885, x, p 231 : Anvers, 1885 1886.

274 — — Le Congo et la tribu des Bangalas. B. S. R. B. de Géog. Brux., 1885, IX, n° 6, p. 625.

275 — — Le Capit. Hanssens en Afrique. Id. 1886, x, n° 1, p. 5.

276 **Daly, Ch. Just.** Recent developements in C. A. and the valley of the Congo. B. Americ. G. S., 1884, n° 2, p. 89-159.

277 **Danckelman, A.V.** Buttners Höhenmessungen. Mitth. Afr. Gesell., 1886, v, n° 1, p. 18.

278 **De Bry** et **M. Merian.** Collectiones peregrinationum in Indiam orientalem et in Indiam occidentalem. Tom I, Pregnum Congo. (Lopez Congo en allemand) Cassiadoruni. Francfort, 1597, 1694.

Instructif et un appendix regni Congo.

279 **Description** du voyage à Congo en 1660. Lyon, 1680.

280 **Dionigi Carli.** Viaggio del P. M. Ang. de Guartini e del P. D. Caril nel regno de Congo, de soritto per lettere, con una fidele narrativa delle paesi. Regio, 1672, 12° ; Bologna, 1678, n° Traduction française. Lyon, 1680, 296 pages, aussi dans Labat, vol. 5, p. 1-268.

281 — — Viaggio del P. M. Angiolo de Guartini et del P. D. Carli nel regno de Congo, descritto per lettere conrina fidele narrativa delle paesi. Regio, 1672, 12°.

282 **De Flef, J.** La question du Congo. B. S. R. belge de G., 1885, v, n° 2, p. 92.

283 **Duparquet,** Père. Voyage au Zaïre. B. S. G. P., octobre 1876, p. 412-427.

284 **Dutreuil de Rhins, J. L.** Notes sur les derniers voyages de M. de Brazza dans les bassins de l'Ogôoué et du Congo. B. S. G. Paris, 1881, n° 12, p. 515-524, *avec carte.*

285 — — La mission de Brazza dans l'ouest africain. B. S. G. C. Bordeaux, 1884, VII, n° 12 p. 353-381.

286 — — Les résultats à ce jour de la mission de Brazza. B. S. G. C. Paris, 1884, VI, n° 3, p. 149-156, *avec carte.*

287 — — Le Congo français, 8°, 64 p. Paris, Dentu, 1885

288 **Dutreuil de Rhins, J. L.** L'ouest africain. Ce qu'il était au départ de M. de Brazza et ce qu'il est maintenant, B. S. G. C. Paris, 1885, v, n° 375, *avec carte.*

289 **Faure, Ch.** Notice sur la part des Suisses dans l'exploration et la civilisation de l'Afrique. 8°, 20 p.; Genève, Schuchardt, 1883.

290 **Felkin.** Note on the four tribes of central Africa. P. R. G. S. Edinburgh, 1885, XIII, p. 205, *avec 1 table.*

291 **Forster, B.** Der Wettstreit um den Stanley Pool. D. A., 1882, n° 6, p. 101-104.

292 — — Die Pogge-Wissmannsche Reise quer durch das südliche Congo Gebiet. D. A., 1883. LVI, n° 2.

293 — — Die Fortschritte Stanleys und Brazzas am Kongo. D.A., 1883, n° 36, p. 706-719, *avec carte.*

294 **Fortunatus.** Historia de missionibus Angolae, Congi et aliorum regnorum Africae et Indiarum, cum moribus illarum regionum. Bononiae, 1687.

295 **Fourneau.** Lettre sur la région du bassin de l'Ofôoué. C. R. S. G. P., 1885, n° 18, p. 596.

296 **Fragio, F.** Breve relazione del successo delle missione de capucini nel regno di Congo. Roma, 1648, 4°.

297 **François Jean.** Relation briève et fidèle du succès de la mission des frères mineurs capucins au royaume de Congo, etc. Lyon, 1650.

298 **François, V.-I.** über seine Reise im sedlichen Kongo-Becken. V. G. f. E. Berlin, 1886, XIII, n° 3, p. 151; Mouv. Géog., 1885, n° 28, *avec carte*; id., 1886, n° 1, *avec carte*; G. M. P., 1886, IV, p. 271.

299 — — Die Likona Frage (Congo). G. M. P., 1886, III, p. 86-87.

La rivière Likona se trouve entre Okango et Kompaka, sur l'équateur et entre le 14e à 17e 5' de longitude Est de Greenwich.

300 **Garollo, G.** Le relazioni del P. Antonie Zucchelli di Gradisca, cappuccino missionario al Congo. 8°, 28 p., *avec carte,* Udine, Doretti, 1882.

301 **Genin, E.** Les explorations de Brazza. 8°, 239 p. Paris, Librair. de vulgarisation, 1886.

302 **Giroa Merella de Sorrento**. Relatione nel regno de Congo Napoli, 1692. 8°, relation des missions dans le Loango, Sogno, u. s. w., 1682-1688. Ein Auszug in allgmeiner Historie der Reisen, Bd IV, p. 508-519.

303 **Grandy, W. G.** Report of the proceedings of the Livingstone Congo expedition. P. R. G. S., XIX, 1875, n° 11, p. 78-105.

304 — — The Congo, *av. carte* O. Highw., déc. 1872, p. 274-275.

305 **Grenfell, G.** Our Congo mission Work. M. Hd., septembre 1882, p. 281-290, *avec carte*.

306 — — Letters on the journey on the Congo. M., Hd. août et sept. 1885.

307 — — Voyages of the S. S. Peace. M. Hd., mars 1886, p. 110; id. M. G., 1881, id. 1885, n° 28; n° 1, *avec carte*.

308 **Goldsmid, F.-J.** My recent visit to the Congo. P. R. G. S. L., 1884, VI, n° 4, p. 177-183.

309 **Hahn, H.** Dr. Geschichte der kathol. Mission. seit Jesus Christus bis auf die neueste Zeit. (3 Bde, Köln 1860), Bde II. p. 254-284, comprenant: 1° Inner Africa laid open; 2° Nach P. A. Zuchelli. Merkwürdige Missions-und Reisebeschreibung nach Kongo und Ethiopien u. S. W. Frankfort, 1715. 4°, p. 303-344 et 405-425. *Nouv. annales des voyages*, t. 10 (1821), p. 191.

310 **Hanssens, Capt.** Les Bianzi, mœurs et coutumes. L. M. G., 1884, I, n° 9, p. 14.

311 **Hassenstein u. Petermann, A.** Geographische Kenntniss von Kongo und Angola im Jahre 1862, *avec carte du Congo*. G. M. P., n° 12, de 1862, p. 441-446.

312 **Hassenstein, B.** Bemerkungen zur Karte der Region des KilimaNjharo und Kenia in Ost-Africa. G. M. P., 1864, n° 12, p. 449-456.

Carte 1.500 000 avec les itinéraires de Burton, Speke dans l'Ousambara, (1859), Decken (1861-62.)

313 **Haut Congo**, Assoc. int. Afr. et le Comité d'étude du — — Travaux et résultats. 8°, 32 p. Bruxelles. Institut national, 1882.

314 **Hellwald, F. V.** Die Forschungen im Congo Gebiet. Gegenwart, 1883, XXIII, n° 6.

315 **Hesse-Wartegg, E V.** Kolonialprojecte am Kongo. G. R., 1884, VII, n° 2, p. 49-58.

316 **Allgemeine** Historie der Reisen zu Wasser und zu Lande « oder » Sammlung aller Reisebeschreibungen, aus dem Englischen, Leipzig, 1749, enthält im XI Buch (p. 613-650) eine gedrängte Erzählung fast aller von Lopez bis Casseneuve in den Kongo-Reichen unternommenen Reisen; im XII Buche (p. 651-726) eine gut gearbeitete, kompilatorische und mit vielen Citaten versehene Beschreibung dieser Länder und ihrer Völker.

317 **Hunt, J.** Ascent of the Congo. C. M. P., litt, 1859, p. 84.

318 **Husson.** Les rivières Setta, Cama e Celina. B. S. R. B. G. Brux. 1886, X, n° 1, p. 70.

319 **Irminger, O.** Stanley og de Brazza paa Kongofloden. G. Tidsch, 1882, VI, n° 12, p. 165-170.

320 **Ivens, R.** Relation de l'exped. Capello et Ivens à travers l'Afrique centrale. C. R. S. G. Paris, 1885, n° 17, p. 559.

321 **Jardin, E.** Le Congo, souvenir d'un voyage en 1845. B. S. G. Rochefort, IV, n° 4, 1884.

322 **Jeannest, C.** Quatre années au Congo. 18°, 327 p., *avec cartes*, Paris, Charpentier, 1883.

323 **Johnston, H.-H.** A visit to Mr Stanley's stations on the river Congo. P. R. G. S., 1883, V, n° 10, p. 569-581, *avec carte.*

324 — — The commercial prospect of tropical Africa. *Journ. Manchester Geog. Soc.*, vol 1, p. 179.

325 **Kongo.** Stanley and Johnston and — — D. A., 1883, LVI, n° 43.

326 **Kund :** Berichte; Dampferfahrt auf dem Kongo von Stanley Pool bis Bangala. Mitt. Af Gesel. 1885, IV, n° 6, p. 372. — — Massaris Kuango-fahrt, id., p. 393.

327 **Labat :** Relation historique de l'Ethiopie occidentale, contenant la description des royaumes de Congo, Angola et Matamba. 8°, 5 vol. Paris, 1732. G. M. P., 1862, p. 443, art. 7.

Les trois premiers vol. contiennent un récit du voyageur italien Cavazzi G A. donnant la description historique du Congo, Angola et Matampa in Bonou, 1687. Fol. c. et fig. traduit du portugais et de l'italien par Fortuntus Alamandinus. Les vol. 4 et 5 contiennent les avis et notes des missions de Matamba, Kassan, et de la partie du pays de Benguela d'après les missionnaires portugais.

328 **Laveleye.** Brazza et Stanley au Congo. E., 28 déc. 1883.

329 **Le Brun, Ch. et Renaud.** Les possessions françaises de l'Afr. occid. 18°, 340 p., *avec 2 cartes*. Paris, Baudoin, 1885.

330 **Lenz, O.** Osterreichische Kongo-Expedition. Briefe. M. K. K. G. G. Vienne, 1885, XXVIII, n° 11 ; 1886, XXIX, n° 3.

331 **Lenz, O.** Die östereichische Kongo-Expedition. Brieflich von — — G. M. P., 1886, IV, p. 121-123.

Lettre datée de Léopoldville, 21 déc. 1885.

332 **Linschotten, J. H.** Beschryvinghe van de gantsche custe van Guinea, Manicongo, Angola, Monomotapa, met geograph. bemerkingen over Egypten, Loango, Congo. Amsterdam, 1596.

333 — — Navigatio et itinerarium in orientalem Indiam et descriptio totus Guineæ tractus, Congi, Angolæ et Monomotapæ, etc. Hagæ, 1599, fol. G. M. P., 1862, p. 444.

Edition hollandaise (meilleure). Amsterdam, 1614; Francfort, 1601; id. française. Amsterdam, 1638. Voyez aussi De Bry, India orientalis, part. I, II.

334 **Lopes de Lima.** Possessoes portuguezas no Uultramar. 3 B[de]. Lisboa, 1844-1846. Die sehr oberflächliche Beschreibung der Distrikte von Kongo und Angola. (B[d] III, 2 Theil.)

335 **Lopez, O.** Relatione del reame di Congo et delle circonvicine contrade per Fil. Pigafetta. Roma, 1591, 4°.

336 **Magalhaes, C.** Le Zaïre et les contrats de l'Associat. intern. 8°, 32 p. S. G. Lisboa, 1884.

337 **Mandelslo, I. A. de.** Voyages. . . de Perse aux Indes orientales. Description de l'Hindoustan. . . du Congo, etc., mis en ordre par Olearius. Leide, 1719; en allemand : Schleswig, 1658.

338 **Markham, Cl. R.** Discovery of the course of the Congo. G. M., août, 1875, p. 225-228.

Markham calcule le prix d'une expédition de Sierra Leone au Congo au prix de 4,000 livres sterling, soit : Livres 400 pour nourriture;
400 pour armes et munitions;
224 » barques, pontons;
320 » voyages et éq. 2 Européens;
650 » traversée de 60 porteurs et
1507 » pour besoins imprévus.

339 **Maunoir, Ch.** Le Congo français. La Gaz. G., 1885, II, n° 27, p. 22 *avec carte*.

340 **Mayo, Earl of.** De rebus africanis. The claims of Portugal to the Congo and adjacent littoral, with remarks on the french annexation. 8°, 64 p London, Allen, 1883.

341 **Merolla, G.** Breve e succosa relatione del viaggio nel regno di Congo nell Africa meridionale. Napoli, 1692. *Récit de voyage.*

342 **Mizon, L.** Les routes du Congo. Rev. Marit., déc. 1885, LXXXVII, nº 291, p. 461, *avec 2 cartes.*

343 **Monkemeyer, W.** Vom Kongo. (Appréciations personnelles), 1885, nº 19. — — Die Vegetation des Untern Kongo. G., 1885, XLVIII, nº 21.

344 **Monteiro, J.** Angola and the river Congo, 2 vol. 12º, 654 p., *avec carte et illust.* New-York, Macmillan, 1875.

345 **Morgan, E.-D.** Notes on the lower Congo from its mouth to Stanley Pool. P. R. G. S., London, 1884, VI, nº 4, p. 183-190.

346 — — The free state of the Congo. P. R. G. S. L., 1885, VII, nº 4, p. 223, *avec carte.*

347 **Meynier, G.** La question du Congo devant l'Institut de droit international. 8º, 27 p., Genève. Schuchardt, 1883.

348 **Nassau, R.-H.** Opening a new station in Africa, Ogowe. For. Missionary. 1883, XLII, nº 1, p. 9-12.

349 **Neuville, D. et Ch. Breard.** Les voyages de Savorgnan de Brazza, Ogôoue et Congo, 1875-82. 8º, 303 p., *avec carte.* Paris, Berger Levrault, 1884.

350 **Neves Ferreira, J. et de Brissac das** : Da necessitade de fixar definitivamente os limites dos nossos territorios na costa occidental de Africa ao sùl do equador. B. S. G., Lisboa, 1882, III, nº 6, p. 323-336.

351 **Pacheco's, W.** Instruction zu einer Reise nach dem Inneren von Congo-Port. Manuscrit de l'an 1536. Hydr. Afr. Cord., p. 15.

352 **Paiva Manso, de.** Historia do Congo. Documentos: Lissabon 1882.

353 **Palacky.** Ueber Akklimatationsversuche am Kongo, M. K. K. Geog. Gesell. Vienne, 1885, XXVIII, nº 12, p. 557.

354 **Palixer de Tovar ou Pellicer de Ossau y Tovar, D. J.** La missione evangelica del regno de Congo por la serafica religion de los Capuchinos. Madrid, 1649, 4º.

355 **Paulitschke, Ph.** Stanley über den Kongo. O. M. S. f. d. O. 1885, XI, nº 10, p. 203.

356 **Pechuel-Loesche.** Die Calema. G., XXXII, 1877, nº 8, p. 119-121, nº 9, p. 136-140.

357 **Pechuel-Loesche.** Begleitworte zur Karte vom Kuilu. M. V. f. Erd. Leipzig, 1878, p. 52-63, *avec carte*.

358 — — Der Gebirgslauf des Kongo, Verhandl. d. III Deutschen Geographentags, Frankfort a/M., 1883; — — Das Central Afrikanische Problem, Monatsschrift. d. Orient. 1884, x, n° 2.

359 — — Zur Geologie des westlichen Kongo-Gebietes, *avec* 1 *carte et* 2 *ill.* G. R., 1886, VIII, n° 7, p. 289. — — H. Stanley und das Kongo-Unternehmen. 8°, 74 p. Leipzig, Keil, 1885.

360 — — Die Vegetation am Kongo bis zum Stanley Pool, D. A., 1886, vol. LIX, p. 381 et 405.

361 **Petermann, A.** Geographische Kenntniss von Kongo und Angola im Jahre 1862. — Observations sur la carte de ce pays. —G. M. P., 1862, p. 441.

Ambassi se trouve à 5 jours d'Emboma au S. W. et à 6 jours de Xellala du Zaïre au Sud.

362 **Petit, L.** Mon premier séjour à Landana (Congo). E., 1882, XIII, n° 275, p. 758-762

363 **Phillipps, R. C.** Volksstämme am Kongo. D. G., Blätter Bremen, 1884, VII, n° 4, p. 313.

364 **Pigafetta, F.** Relazione del regno di Congo et delle vicine contrade tratta dalli scritti et ragionamenti di Odoardo Lopez portoghese per F. P. con disegni varii di geografia, di piante, d'habiti, d'animali et altro, Roma, 1591.

365 **Proyart,** Abbé. Histoire de Loango, Cakongo et autres royaumes d'Afrique. Paris, 2 Bde, 8°, 1776.

En allemand à Leipzig, 1777. Dans la collection Churchill, v. 5 p. 497. Se trouve chez H W. Schmidt à Halle, 1878. L'excursion du missionnaire français Bellegarde au Loango et Kakongo de 1766 à 1776 s'y trouve décrit.

366 **Quattini.** Michel Angelo und Carli Divnigi de Viaggi nel regno del Congo, etc. Bologna, 1674.

367 **Renard.** Eine spreike von paskaerten der kuste vom cap der goede Hoop bis an den Congo, aus dem XVII Jaharhundert, bei P. Mortier. Keulen, Renard, Amsterdam.

Voir Veth et Kan, Bibliografie, p. 55.

368 **Ribeiro, J. C.** Africa occidental portugueza De Noki a S. Salvador (narration officielle Congo). B. S. G. Lisboa, 1882, n° 4, p. 209-222.

369 **Roger, O.** Le Congo. B. S. R. belg. de G. 1884, VIII, n° 6.

370 **Romano (da Roma). Giovanni Francesco**. Breve relatione della missione dei cappuccini al Congo. Napoli, 1648. Milan, 1651.

371 — — Relatione del successo della missione dei frati capuccini del Serapico P. Francesco al Congo. Roma, 1649.

372 **Rouvre, Ch. de**. Huit ans au Congo. E., 1879, nº 111, p. 372-378.

373 **Schuchardt, H.** Zur Afrikanischen Sprachmischung. D. A., 1882, LV, nº 44, p. 867-869.

374 **Schütt, O.** Reise im südwestlichen Becken des Congo. 8º, 180 p. *avec* 3 *cartes*, Berlin, Reimer, 1881.

375 **Schwerin, H. V.** Kongo-staten pa verldsutställningen i Antwerpen, Ymer, 1885, nº 6, p. 223-228.

376 **Seuzy, Vallon et Gillet**. Plan de l'embouchure du Rio-Congo, côtes occidentales d'Afrique. Cours du fleuve à partir de Zoonga-Campendi et la pointe de Legna (nº 2134.) D. M. P., 1865.

377 **Stanley**. Voyage down the Congo, *avec* 1 *carte*. G. M., 1877, nº XII, p. 318-319.

378 — — Fahrt auf dem Congo, *avec* 1 *carte*. G., 1877, t. XXXII, p. 374-377.

379 — — A geograph. sketch of the Nile and Livingstone (Congo-Basins) P. R. G. S., London, 1878, VI, p. 282-410.

380 — — Sieg am Congo. D. A., 1882, LV, nº 42, p. 821-824.

381 — — Extraits du journal de voyage, 8º, 14 p. Bruxelles. A. I. A., du Congo, 1884.

382 — — Der Kongo, Leipzig, 1885, Bd II, p. 371.

383 — — Central Africa and the Congo Basin. Schott. G. M., 1885, nº 1, p 1, *avec carte*.

384 **Sinder, Th.** Congo. I. d. G. G. Berne, 1879, p. 30-32.

385 **Sutter, E.** Le Congo et les territoires avoisinants. B. S. B. G., 1877. nº 4, p. 419-427; id. nº 6, p. 596-616.

386 — — Le Congo. E., 1878, nº 59, p. 268-274.

387 **Tisdel, N. P.** The Congo country; caravan Journey from Vivi to and around Stanley Pool. U. S. Consul 's Reports, août 1885, nº 55, p. 541.

388 **Tritton, S.** Rise and progress of the work on the Congo River, 8°, 63 p., *avec carte*. B. M. II. London, 1884.

389 **Valdau, G.** Om Ba-kwileh folket. Ymer 1886, n° 5, p. 163-177; — — En fard till lande norr om Kamerun berget. id. 1885, n° 7 et 8, p. 271-302, *avec carte*.

390 **Valcke**, Lieut. Conférence sur le Congo. B. S. G. Anvers, 1885, x, n° 1, p. 42.

391 **Vasconcellos, E. de**. Rio Zaire, apontamientos para um roteiro. B. S. G. Lisboa, 1882, III, n° 12, p. 734-740.

392 **Veth, D., Dr.** De nederlandsche expeditie ter westkust van Afrika; lettres, Tydsch. ned. aardr. genootsch. Amsterdam, 1886, III, n° 1.

393 **Vetralla, H. T.** Doctrina christiana ad profectum missionis totius regni Congo. Romae, 1650.

Traduites par la Propagande en plusieurs langues.

394 **Villain, G.** La question du Congo et l'Association internationale africaine. 8°, 35 p. Paris, Challamel, 1884.

395 **Wauters, A. J.** Le Congo et les Portugais. B. S. R. B. de Géog. Bruxelles, 1883, VII, n° 2, p. 234-279.

396 — — Le Congo entre l'Équateur et l'Océan. B. S. R. G. belge 1884, n° 1, p. 26-33.

397 — — Le capitaine Hanssens sur le haut Congo. (Le mouvt géog. 1884, I, n° 16, p. 67-68; — — les Belges au Congo, fol., 24 p., *avec carte*, Bruxelles. Inst. nat. géogr. 1885.

398 **Wauwermans, Col.** Fondation d'un état nègre libre. B. S. R. G. Anvers, 1884, VIII, n° 5, p. 351-432, *avec carte*.

399 **Wichmann, H.** Neuere Forschungen im Congo Gebiete, die Erforschung der südlichen Congo-Zuflüsse. G. M. P., 1883, 220-229.

400 — — Neuere Forschungen im Congo Gebiet, *avec carte*. G. M. P., page 177-200. 1883.

Cet article comprend : 1° Savorgnan de Brazza, Forschungen zwischen Ogowe et le Congo, 1879-1882 — 2° Stanleys Thätigkeit am untern Congo. 1879-1882. — 3° Bestrebungen der Missionare im Gebiete des Congo und Ogowe.

401 **Wissmann.** Exploration du Kassaï. B. S. R. B. G., Brux., 1885, IX, n° 6, p. 647, *avec carte*. — — Mes appréciations sur les critiques de l'œuvre du Congo. 8°, Brux. Weissenbrouck, 1886.

402 **Weberer, M.-V.** Henry M. Stanley und Dr Pechuel Loesche. Gd 8°, 53 p. Leipzig, Brockhaus, 1886.

403 **Wilson, J.-L.** The Kingdom of Congo and the Roman catholic missionnaries, 1852.

404 **Wittstein, A.** Ein Besuch S. M. Corv. « Gazelle » am Congo. J.G. G. M., 1877, p. 72-98.

405 **Wolf.** Reise zum Kiamvo Kassongo. Mitt. Afr. Gesell. 1885, IV, n° 6, p. 362, *av.carte*. Verh. G. f. E. B., 1886, XIII, n° 1, p. 46.

406 **Zaïre.** La question du — — Droits du Portugal. S. G. Lisboa, 8°, 80 p. En anglais, 104 p. London, Stanford, 1883.

407 **Zaïre.** La question du — — Droits du Portugal. *Memorandum*. Lisbonne, 1883, in 8°, S. G Lisboa, 1883.

408 **Ziemann, A.** Strömungs-und Schifffahrtsverhältnisse an der Congo-Mündung und im Banana Creek. A.d.S. Hydrog, 1883, XI, n° 3, p. 164-166.

409 **Zintgraff.** Körpermessungen von Negern am Kongo. V. B. G. f. A., 1886, p. 27.

410 — — Eindrücke vom untern Kongo. V. Gesell. f. E., Berlin, 1886, XIII, n° 2 p. 83.

411 **Zuchelli.** Relatione del Viaggio e missione de Congo nell' Ethiopia inferiore occidentale. Venise, 1712, 4°. G. M., 1862, p. 444.

La traduction allemande de cet ouvrage a pour titre : Merkwürdige Missions-und Reisebeschreibung nach Congo, in Ethiopien u. s. w. Francforta, M. 1715. 4°, relation du voyage à la côte 1698-1702. Voir aussi Cohn : Sammlung von Reisen nach Afrika, vol. 1.

412 **Zeithammer, A.-O.** Rückblicke aus der Geschichte geographischer Erforschungen süd Afrika's. M. K.K.G.G.W., IX, Jahrg, p.165.

Eine vollständige Geschichte der Katol Mission der Dominikaner und Franciskaner in Kongo im 16 Jahrh, der Kapuziner im 17e.

413 **Zucchelli, Antonio.** Relatione del viaggio o missione del Congo nell'Ethiopia inferiore occidentale etc. Venezia, 1712, 4°, en allemand. Francfort, 1815.

Rapport important sur le travail de ce capucin au Congo, avec beaucoup de dates géographiques et scientifiques.

414 **Zuchelli, A.** Reisebescheibung nach Congo. Francfurt, 1815, H., W. Schmidt, Halle, 1878.

Régions des Mers, Golfes, Lacs de l'Afrique centrale et équatoriale.

Alex. Nyanza ; — Bangweolo ; — Bemba ; — Chiroua ; — Dilolo; — Ibrahim; — Kassali; — Lanje; — Lac de Liba; — Lohemba ; — Moero, Lac Moeris ; — Muta Ssige ; — Mvoutan ou Albert Nyanza ; — Ngami ; — Nyassa ; — Oukeréoué ou Victoria Nyansa ; — Lac de Samburu ; — Sankorra; — Lac Tanganika; — Lac Tzad; — Lac Tsana.

415 **Adam, E.** Cartographie du Tanganika. B. S. B. G., nº 2, p. 129-141.

416 **African Scenery.** Sketches of — — from Zanzibar to the Victoria Nyanza. 4º, 16 p. London, C. M. S., 1878.

417 **Afrique.** Esquisse des fleuves et grands lacs de l' — — tropicale. Lyon, Rouv., 1878.

418 **Albert Nyanza.** Der — — D. A., 49ᵉ année, 1876, nº 31, p. 601-603 ; nº 36, p. 714-717.

419 — — The — — T. A., 1876, nº 2545, p. 181-182.

420 **Andrée, E.** Die Expeditionen Burton und Speke's von Zanzibar bis zum Tanganika-und Nyanza See. 8º, Leipzig, Costenoble, 1861.

421 **Baines, Th.** Explorations in S. W. Africa, being an account of a journey in the years 1861 and 1862 from Walvisch Bay on the Western coast to Lake N'gami and the Victoria falls. 8º, 547 p., *avec* 3 *cartes*. London. Longman, 1864.

422 **Baker.** The Albert Nyanza, great basin of the Nile. G. M. P., 1866, p. 315.

A publié 2 volumes importants et intéressants sur l'Afrique.

423 **Baker, S. W.** Der Albert Nyanza d. gr. Becken d. Nil. und Erforschung der Nilquellen. 2 brochures *avec beaucoup d'illustrations* Gera, 1874, H. W. Schmidt, Halle 1878.

424 **Barth, H.** Capt. Speke's Entdeckung des Abflusses des einen Nil-Armes aus dem See Ukerewe, im Zuzammenhang mit den ethnographischen Verhältnissen jener Gegend. Z. A. E., Juin 1863.

425 **Beke, Ch.** The regions of the Cazembe and Dr Livingstone 's recent explorations, *avec* 1 *carte, illust* Travels, 1870, part. 14, 15, 16.

426 **Birgham, Fr.** Stanley 's Erforschung des Victoria Nyanza, *avec* 1 *carte*. G xxviii, 1875. page 373-378.

Note prise de trois lettres de Stanley au *Daily Telegraph* et copie de sa carte de la mer d'Ukerewe.

427 **Böhm, R. et Kaiser, E.** Reise nach dem Tanganika, *avec carte*. M. d. A. G. D, 1882, iii, n° 3, p. 181-209.

428 **Böhm, R. Reichard, P. et Kaiser, E.** Reise von Gonda zum Rikwa See. Sept. oct. 1882, M. d A. G., 1884, n° 2, p. 79-108.

429 **Büchner, M** Reisebriefe (Régions des Lacs) M. d. A G, ii, n° 3, und 4.

430 — — Du — — 'sche Expedition (Afrique orient.) M. d. A. G., i, n° 4, 5, p. 222-246. ii, n° 1, p. 44-51.

431 — — Vortrag über seine Reise ins Lunda-Reich. V. d. G. f. E. Z. B., 1882, n° 2, p. 77-103.

Le royaume de Lunda se trouve entre le Lac Mœro et le Lac Bengoueolo, visité par Livingstone en 1868.

432 **Burton, R. F.**, Capitaine. Voyage aux grands lacs de l'Afrique orientale, traduit de l'anglais par Mme H. Loreau, Paris, 1862, 1 vol. gr. in-8° de 719 pages, *cartes, planches et vignettes*.

Le capitaine Burton est le héros et l'historien de l'expédition de 1858. Avant d'entrer sur le sol africain, Burton et Speke voulurent acquérir une connaissance préliminaire de la langue kisaouabili qui se parle sur sur toute la côte du Zanguebar. Les tribus du littoral s'appellent Saouabili, sont une sorte de métis. Sur le premier fond qui est nègre, s'est greffé un rameau de sang caucasien, qui n'a pu être qu'une branche des Gallas. L'ethnique se modifie de diverses manières au moyen d'affixes.

Ou Asaouabili, désigne le peuple en général,
Ou Saouabili » le pays,
M' Saouabili » l'individu,
Kisaouabili » la langue.

La race hybride ou négroïde se propage au Sud au-delà du canal de **Mozambique** et dans l'intérieur entre la contrée des Gallas, le **Zambèze** et **le Zaïre.**

La saison des pluies cesse en juin.

La zone plate ou maritime a une étendue de 50 lieues, habitée par les Saouahilis; puis viennent les Zaramos et Khoutou. Après Zangomero on arrive aux montagnes, qui sont appelées par leurs conditions climatériques à devenir une des plus riches contrées de l'Afrique. L'altitude y est de 700 mètres environ, le col de Roubetro accuse 1757 mètres. Burton et Speke atteignirent le Tanganika le 15 fév. 1858, qui se trouve à une altitude de 562 mètres, est à 280 lieues de la côte de Zanguebar et à 350 lieues de la côte occidentale, à la hauteur de l'estuaire du Zaïre.

433 **Burton, R. F.** On the Ukara or the Ukerewe lake of equatorial Africa, P. R. G. S., 1872, vol. XVI, n° 11.

434 — — Lake Tanganika, Ptolemy's Western lake reservoir of the Nile. P. R. G. S., London, v. IX, n° 1, p. 6-14; id. id. G. M. P., page 313, 1865.

435 **Burton 's Expedition.** Der grosse inner Afrikanische See, nicht Ein See, sondern vier verschiedene Seeen G. M. P., 1859, p. 79.

436 **Burton. R. F.** The lake regions of central Africa, a picture of exploration. 2 vol. London. Longman, 1860. J. R. G. S., vol. XXIX, 1859.

(Voir les notes litt. de G. M. P., 1861, p. 126).

437 — — Nouvelles de l'Expédition du Capit. R. Burton à la recherche du grand lac d'Ukerewé. Nouv. Ann. Voyages. Mai 1858.

438 — — Reise nach dem See von Uniamesi. G. M. P., 1857, p. 526.

439 — — Voyage aux Grands Lacs de l'Afrique orientale, traduit de l'anglais par Mme H. Loreau. 1 vol. 8°. 719 p. Paris, 1862.

440 — — The lake regions of central Africa. New-York, Harper et Bro^s^, 8°, 1860.

441 **Burton, R. A., Beadle, Beke D^r^.** Lands of Cazembe, journey, of Lacerda, Baptista and José, and Monteiro and Gamita, *avec carte.* 8°, J. Wheldon, London.

Le pays de Casembé se trouve dans le royaume de Lunda près du lac Mœris. (Région des lacs.)

442 **Burton, R. F.** Lacerda's journey to Cazembe in 1798, also the journey of Pombeiros, *avec carte.* 8°, J. Wheldon, London.

443 **Burton, R. F.** Mr Stanley and the Victoria Nyanza. G. M., nov. 1875, p. 354-355.

444 — — The lake regions of central equatorial Africa, with notices of the Lunar Mountains and the sources of the White Nile. J R. G. S., vol. XXIX, 1859, London, 1860.

445 **Brucker, le R. P.** Découverte des grands lacs de l'Afrique centrale et des sources du Nil et du Zaïre au XVIe siècle. 8°, 23 p. Lyon, Pitrat, 1878.

(Tiré des *Études religieuses*).

446 **Cameron, V. L.** Letter describing the discovery of an outlet of Lake Tanganika, *avec* 1 *carte*. P. R. G. S., XIX, 1875, n° 11, p. 75-78.

Voir G. M. P., 1875. Heft, 3 et 5

447 **Cameron.** Voyage round lake Tanganika and the discovery of the Lukuga outlet, *avec* 1 *carte*. G. M., mars 1875, p. 71-73.

448 **Cameron**, The great African discovering survey of Lake Tanganika by Lieutenant, — — *avec* 1 *carte*. G. M., janv. 1875.

449 **Caras, Th.** Ed. Mohr's Reise nach den Victoria-Fällen des Zambesi. N. U. O. 22 Bd., 1876, Heft. 4, 7.

450 **Cooley, W. D.** Ueber den Zuzammenhang des Tanganika mit dem Nyassa See. G. M. P., 1859, p. 482.

451 — — Captain Burton and the land of the Moon, or the lake Regions, A., april 1864, p. 510.

Critique de Burton sur la mer Tanganika et ses environs.

452 **Cotterill, H. B.** Le Nyassa : Etat de l'esclavage du commerce et de la colonisation. J. S. A., 7 juin, 1878.

453 — — On the Nyassa and a Journey from the North End to Zanzibar, *avec* 1 *carte*. P. R. G. S., London, 1878, XXII, n° 4, p. 233-251.

454 **Cora, G.** Il Tanganika, bacino chiuoso, *avec* 1 *carte* (Cora's « Cosmos » 1873, n° 1, p. 26-37.)

455 **Delaunay, R. P.** Fondation d'une nouvelle mission au Massanzé, Tanganika. E XII, n° 244, p. 594-598.

456 **Delitsch, O.** Herrn M. Stanley's erfolgreiche Reise nach dem Ukerewe-See. A. A. W., fév. 1876, p. 152-155.

457 **Dépôt de la Marine.** Lac de Bizerte, partie Sud, 1883 nº 397. Paris, Challamel, 1885.

458 **Duveyrier, H.** Les explorations de Livingstone dans la région des lacs de l'Afrique orientale, *avec* 1 *carte*. B. S. G. P. oct. 1872, p. 337 à 355.

Resumé clair des voyages de Livingstone en les accompagnant d'un commentaire sur la relation probable du Luulaba avec le Congo. Relations basées sur les renseignements de Tackey, L. Maggar et Livingstone.

Indépendamment du travail publié plus tard sur l'idendité du Luulaba et du Congo, Ch. Maunoir y ajoute une belle carte avec les routes de Stanley et Livingstone.

459 **Felkin, R. W.** Journey to Victoria Nyanza and back viâ the Nile. P. R. G. S., 1880, nº 6, p. 357-363.

460 **Gallieni Comm**: Mission d'exploration du Haut Niger. — Voyage au Soudan français, 1879-81, 8º, 636 p., *avec* 2 *cartes et* 15 *plans*. Paris, Hachette, 1884.

461 **Gessi, R.** Exploration du lac Albert Nyanza, *avec* 1 *carte*. B. S. G. P. Juin 1876, p. 632-643.

462 — — On the Circumnavigation of the Albert Nyanza. P. R. G. S., I, 1877, p. 50-56.

463 **Giraud, V.** Voyage aux grands lacs de l'Afrique équatoriale. C. R. S. G. P., 1885, nº 7, p. 120, *avec carte*.

464 — — Les grands lacs de l'Afrique équatoriale. B. S. G. C. Paris 1885, VII, p. 394. T. d. M., 1886. L. I., nº 1304, *avec carte*.

465 **Graca, J.-R.** Reise zu dem Muata Ya-Nvo in Inner-Africa. G. M. P., 1856.

Le Muata Yanvo se trouve entre les lacs Sankorra et Kassali par 10, lat. S.; et 23 long. E.

466 **Grant, J.-A.** On Mr, Stanley's Exploration of the lake Victoria Nyanza, *avec* 2 *cartes*. J. R. G. S., vol. 46, p. 10-34.

467 — — Summary of observations of the Geography, climate and natural history of the Lake Regions of equatorial Africa, made by the Speke and Grant expedition. 1860-63. J. R. G. S., vol. XLII, 1872, p. 243-342.

468 **Grant, J.-A.** On Mr H. Stanley's exploration of the Victoria Nyanza. P. R. G. S., vol. xx, 1875-6, nº 1, p. 34-50.

469 **Hahn.** Let Suletebe, der Betschuana Häuptling am Ngani-See. G. M. P., 1857, page 209.

470 **Hore, E. C.** Lake Tanganika. P. R. G. S., 1882, nº 1, p. 1-28, *avec 2 cartes.*

471 — — A voyage on Lake Tanganika, chrom. London, Mis. Soc. Nov. 1884, nº 35, p. 360-362.

472 **Hutchinson, E.** The best trade route to the Lake Regions of central Africa. 4º, 8 p., *avec 1 carte*, London. J. S. O. A., 30 mars 1877.

473 **Johnson, W. P.** Seven Years' Travels in the region east of Lake Nyassa. P. R. G. S. London 1884, vi, nº 9, p. 512-530, *avec carte.*

474 **Johnston, K.** Native routes in East Africa, from Dar-es-Salam towards Lake Nyassa. (P. R. G. S., London 1879, nº 7, p. 417-422, 1 *carte*.)

475 **Kiepert, R.** Begleitworte zur Karte des Gebietes zwischen Tabora, dem Tanganika und dem Rikwa See. M. d. Af. Gesell. 1884, iv, nº 3, p. 108-112.

476 **Lauth, Dr.** Der Moris-See. D. A., 1883, lvi, nº 35, p. 687-691.

477 **Laws, Dr.** Journey along part of the western side of Lake Nyassa in 1878. (P. R. G. S., 1879, nº 5, p. 305-324, 1 *carte*).

478 **Le Jean, G.** Les récents voyages aux grands lacs de l'Afrique équatoriale. R. E., 1 mars 1858.

479 **Livingstone, Dr.** Expeditions to Lake Nyassa en 1861-63. J. R. G. S. L., vol. xxxiii, 1863.

480 — — Die Victoria-Fälle, das Wunder süd Afrikas, G. M. P., 1857, ii.

481 — — Fahrt auf dem Pyassa-See, 1863, G. M. P., p. 107.

482 — — Erforschung des Shire-Flusses und Shirwa-See's in süd Afrika. April, 1859, *avec carte*, G. M. P., 1860, p. 149-152.

483 — — Expedition to Lake Nyassa in 1861-63, J. R. G. S. L. vol. xxxiii, 1863, p. 251-276. Lettres de — —

484 **Livingstone** 's Fahrt auf dem Rovuma-Fluss in Ost Afrika, im Frühjahre 1861, G. M. P., 1861, p. 355.

485 — — A popular account of — — expedition to the Zambezi and its tributaries and of the discovery of lakes Shirwa and Nyassa, 1858-1864, 8°, 428 p. London, Murray, 1875.

486 **Livinhac, Mgr**. Auprès des grands lacs. M. C., 1885, XVII, n° 824.

487 **Long. Colonel C., Chaillé**. Voyage au lac Victoria Nyanza et au pays Niam-Niam, *avec* 1 *carte*. B. S. G. P., octobre 1875, p. 350-364.

488 **Mackay, A. M.** At the south end of the Lake. C. M. J., mars 1884, IX, n° 99, p. 154-163, *avec carte*.

489 **Magyar, L.** Ueber die grossen See'n Inner Afrika's. G. M. P., *Notizen*, p. 114-116.

490 **Malte Brun, V. A** Les lacs de Tanganika et Nyanza d'Ukerewe, découverts par Burton et Speke. B. S. G. P., 1859, nov. et déc.

491 **Marcel, G.** Le voyage du Lieutenant Cameron dans la région des lacs en Afrique. N. F., 18 mars 1876.

492 **Markham, Ch.** L[t]. Cameron's examination of the Southern half of Lake Tangan'ka. P. R. G. S., XIX, 1875, n° IV, p. 246-263.

493 **Mason Bey. Col.** Exploration du lac Albert Nyanza, *avec* 2 *cartes*, B S. K. G., 1878, n° 5, p. 1-11.

494 **Moeris, le lac.** — — et son emplacement. R. Ar., juin 1882, *avec carte*.

495 **Moffat, R.** Visit to Moselekatse, King of the Matebele. J. R. G, S. L., vol. 26.

Matebele est borné au N. par le Sambeze. Af. orient. S. E.

496 **Mohr, Ed.** Nach den Victoria Fällen des Zambesi, 8°, *avec illust. et* 1 *carte*. Leipzig, Hirt. 1875.

Le calcul hypsométrique donne pour les chutes Victoria une altitude de 2460 pieds anglais.

497 **Montagu, K.-W.** A journey from Cape Town overland to Lake Nyassa. P. R. G. S., 1886, VIII, n° 2, p. 65.

498 **Oates, Fr.** Matabele Land and the Victora Falls, 8°, p. 708. London, Kegan Paul, 1881.

499 **O'neill, H.-E.** A three months' journey in the Makua and Lomwe countries, *avec carte*. P. R. G. S., 1882, IV, n° 4, p. 193-213.

500 — — Lake Shirwa or Kilwa, the source of the Lujende River. P. R. G. S., IV, n° 5, p. 321-322.

501 **Petermann, A.** Der grosse inner-Afrikanische See, erreicht von Burton. G. M. P., *Notizen*, 1858, p. 470.

502 — — Report of the Burton's expedition. Renseignements géographiques sur l'Ujiji. G. M. P, 1859, p. 123.

La longueur du lac Ujiji est de 200 et la largeur de 27 lieues anglaises. Il est situé entre le 4° et le 8° lat. Sud et le 2., et 26° long. Est de Paris. Deux îles s'y trouvent et 2 fleuves s'y jettent, l'un au Nord, et l'autre au Sud.

503 — — Die Victoria-Fälle, das Wunder Süd-Afrika's. G. M. P., 1857, p. 523-525.

504 — — Die englische Expedition unter Burton und Speke nach Inner Afrika.

I. Abschnitt. Erste Reise ins Innere, am Pangani-Fluss und bis Fuga, 1857 G M. P., 1859, p. 375-389.

II. Abschnitt. Hauptergebnisse der zweiten Reise ins Innere, Erforschung des See's von Ujiji, Entdeckung des Nyanza. G. M. P., 1859, p. 389-393.

III. Abschnitt. Reise nach Ujiji und Erforschung und Befahrung des See's von Ujiji durch Kap. J. H. Speke. G M. P. 1859, p. 428.

IV. Abschnitt. Kap. J. H. Speke's Entdeckung des Victoria Nyanza oder Ukerewe See's.

505 — — Nouvelles du Capt Speke à Bagneh, contrée située entre le Tanganika et le Victoria Nyanza par 3° 28" lat. Sud. G. M. P., 1862, p. 481.

506 — — Der Ngami See. (nach Anderson) und die Wüste Kalahari. G. M. P., 1856, p. 103.

La mer de Ngami se trouve, d'après cette carte, à 2650 pieds de Paris au-dessus du niveau de la mer, et est entourée d'une belle végétation où il n'y a pas de mouches Tsetse.

507 **Pogge, P.** Im Reiche der Muata Jamvo. Journal de son voyage dans les états de Lunda. 8°, *avec carte de R. Kiepert*. Berlin, D. Reimer, 1880.

508 **Pogge, Dr.** Itinerar von Kimbundo bis Quizemene, dem Mussumba oder der Residenz des Muata Jamvo, und weiter östlich bis Inchibaraka. L. G. f. E. Berlin, 1878, t. I, p. 199-210.

509 **Peltou-Duplessy**, Dr. La mer des Chotts. 8°, 16 p., Lorient-Chamaillard, 1882.

510 **Ravenstein, E. G.** Sanley's exploration of the Victoria Nyanza, *avec 4 cartes*. G. M., déc. 1875, p. 369-373.

511 **Rebman**, C. Ukerewe, das grosse Binnen-Meer von Inner Afrika. G. M., 1855, p. 233.

Le missionnaire Rebmann, bien connu en Afrique occid., donne dans des lettres datées de Mombas, 13, 20 et 30 avril 1885, pour position de cette mer $13\ 1/2^e$ lat. sud et 21° à 33, long. E de Paris, et d'une étendue de 13,600 milles carrées allemandes, s'appelle Ukerewe, ou mer intérieure d'Uniamesi. Da s la partie sud il y a un bras de mer étroit qui porte le nom de Niassa. C M. b., 1 oct. 1835.

512 **Reichard, P.** Bericht über die Station Gonda. M. d. A. G. i. D., 1882, III, n° 3, p. 155-181.

513 **Roscher, A.** Reise nach Inner Afrika. Erforschung des Lufidji, Abreise von Kiloa nach dem Nyassa-See, 6 feb. *bis* 27 aug. 1859. G. M. P., 1859, p. 478.

514 **Roscher, Dr.** Am Nyand-Ja-See. G. M. P., 1860, p. 197.

515 **Roudaire, Comm.** La mer intérieure africaine, 8°, 112 p., *avec 2 cartes*. Paris, Mouillot, 1883.

516 **Rouire, Dr.** Situation géogr. comparée du lac Triton et des Syrtes. C. R., Acad. des Inscript., Paris, 1884.

517 — — Observ. sur les limites de l'anc. mer Tritonienne et sur les notations astronomiques et les données geographiques du livre, IV de Ptolemée. C. R., Soc. Géog., Paris, 1885, n° 3, p. 98.

518 — — La découverte de la mer intérieure Afric. C. R. A. S., Paris, 1884, n° 24.

519 **Schirren**, C. Der See Uniamesi. G. M. P., 1856, p. 483.

520 **Schweinfurth, G.** Le Lac Moeris et les nouvelles recherches de M. Cope Whitehouse. B. S. Kh. G., 1884, II, n° 5, p. 247-257.

521 **Smythies, Bish.** The discovery of the source of the Lugenda River. Journ. Manchester Geog. Soc., 1885, n° 10, p. 302.

522 **Speke, J.-H.** Cap. Journal of the discovery of the source of the Nile. London, 1883, 8°, *avec cartes, portrait et illustrations*.

523 **Speke and Grant.** Abstracts from Letters from the East African Expedition of the Captains. P. R. G. S., vol. n° 1.

Cette lettre a rapport au départ de l'Expédition partie le 1er oct. 1860 de Pagamoyo vers le Victoria Nyanza, et les sources du Nil. Speke avec une caravane de 58 hommes se dirigeait vers Kazeh, Grant avec 192 hommes, soldats, porteurs et serviteurs, 11 mulets et 5 ânes, (voir la carte, G. M. P., 1859, table 15.)

524 **Speke, J.-M.** (D'après les lettres de) Der grosse Inner Afrikanische See und die Quelle des Nils. Resultats de l'expédition anglaise de Burton et Speke, Recits de Roscher G. M. P., 1859, p. 347.

525 — — Discovery of the Victoria Nyanza Lake. B. M., sept., oct., nov. 1859.

526 **Stanley.** Letters of his Journey to Victoria Nyanza and circumnavigation of the Lake, *avec* 1 *carte*. P. R. G. S. L., 1876, Bd x x, n° 11, p. 134-135.

527 — — Proceeding in the Lake Region of central Africa, *avec* 1 *carte*. G. M., sept. 1876, p. 245-247.

528 — — Am Albert Nyanza. C. M. B, oct. 1876, p. 76-77. Erforschung des Ukerewe und Zug zum Mwutan. M. K. K. G. G. W., 1876. H. 11 p. 572-585; H. 12, p. 643-648.

529 — — Exploration des grands lacs, *avec* 2 *cartes*. E., 1877, nos 18 et 19.

530 — — Exploration du Lac Albert Nyanza. E. G. C., 1876, n° 81, p. 208-209.

531 — — A la recherche des sources du Nil. L. G., T. xiv, 1875, livre 4-6, p. 173-210.

532 — — Exploration du Lac Victoria Nyanza. E. G. C., 1876, n° 80, p. 178-179.

533 **Stevenson, J.** Notes on the country between Kilwa and Tanganika. 8°, 32 p., *avec* 1 *carte*. Glasgow, Maclehase, 1877.

534 — — Notes on the country between Kilwa and Tanganika. Glasgow, J. Maclehase, 1877.

535 **Stewart, J.** The second circumnavigation of Lake Nyassa. (Proceed. R. G. S., 1879, n° 5, p. 289-305.)

536 — — Missionary expedition to Lake Tanganika. F. C. S. M. R., april 1880, n° 87-90.

537 **Stewart, J.** Lake Nyassa and the water route to the Lake region of Africa, *avec carte*. P. R. G. S., 1881, nº 5, p. 257-278.

538 — — Observations on the western side of Lake Nyassa and on the country intervening between Nyassa and Tanganika. P. R. G. S., 1880, nº 7, p. 428-432, *avec 2 cartes*.

539 — — Survey of the eastern coast of Lake Nyassa and latest news of the Lake Junction Road, P. R. G. S, 1883, v, nº 12, p. 689-692, *avec carte*.

540 **Storms, Capt.** Etablissement de la station de Mommpara sur le lac Tanganika. L. M. G., 1884, I, nº 6, p. 22-23.

541 — — Le Tanganika, quelques particularités sur les mœurs africaines. B. b. d. G., 1886, nº 3, p. 169.

542 — — Le problème du mouvement des eaux du lac Tanganika. S. R. B. d. G., Brux., 1886, x, nº 1, p. 50.

543 **Tanganika.** Le lac — — et les découvertes de Cameron. L. G. T., XIV, 1875, p. 269-282.

544 **Thomson.** To the central African lakes and back again. 1878-80, 8º, *avec cartes*. London, Sampsonlow, 1881.

545 — — Progress of the east African expedition ; Journey from lake Nyassa to lake Tanganika. P. R. G. S., 1880, nº 4, p. 209-212.

546 — — Report on the Society's East African expedition ; Journey along the western side of lake Tanganika. P. R. G. S., 1880, nº 5, p. 306-310.

547 — — Report on the progress of the Society's Expedition to Victoria Nyanza. P. R. G. S., 1883, v, nº 39, p. 544-550.

548 — — id. id. D. A., 1883, nº 39, p. 774.

549 — — Through the Masai country to Victoria Nyanza. P. R. G. S. London, 1884, VI, nº 12, p. 690, *avec carte*.

550 **Verstraete, Capt.** La géographie des grands lacs de l'Afrique intertropicale du XVe au XIXe siècle. B. S. B. G., 1881, nº 4, p. 403-421.

551 **Victoria Nyanza, mission.** C. M. G., avril 1881, p. 37-40, *av. c.*

552 **Vienne, de :** De Zanzibar à l'Oukami, route des lacs de l'Afrique équatoriale. B. S. G. P., oct. 1872, p. 356-369.

553 **Vivien St-Martin**, Voyage aux grands lacs de l'Afrique. Excursion particulière du Capt. Speke vers le nord, du 9 juillet au 25 août 1858. La découverte du Lac Nyanza à 2 degrés et demi en deça de l'équateur. Année Géogr. T. 1, p. 46.

Speke partit le 9 juillet 1858 et arriva après vingt-cinq jours de marche au Lac Nyanza (auquel il donna le nom de Lac Victoria) qui se trouve à 2° 24' lat. australe et a pour altitude 1140 mètres. Le Nyassa se trouve à 33° à l'est de Greenwich ou à 4 degrés ou une centaine de lieues à l'ouest de la Montagne neigeuse de KilimandJaro, découverte par M. Rebmann.

554 **Voyages**. 1° de Bagamoyo aux lacs Nyanza et Tanganika. 2° de Tabora au Lac Tanganika. M. C., 1880, n° 588.

555 **Whitehouse, F.-C.** Lake Moeris, from recent explorations in the Moeris basin and the Wadi Fadhr. B. A. G. S., 1882, n° 2, p. 85-116, *avec carte*.

556 — — Le Lac Moeris et son emplacement d'après de nouvelles recherches. R. Ar., juin 1882, 8°, 15 p, *avec carte*, Paris, Didier, 1882.

557 — — The Reian Basin of Lake Moeris A., 1885, n° 3,018, p. 274, *avec carte*.

558 **Wilson, T.-C.** Uganda et le Lac Victoria. B. S. K. G., n° 9, p. 17 28.

559 **Wilson, C.-T. et Felkin, R.-W.** Uganda and the Egyptian Soudan. 2 vol. 8°, *avec carte*. London, Low, 1882.

560 — — Uganda and the Victoria Lake. P. R. G. S., 1880, n° 6, p. 353-357.

561 — — Uganda. E°. 1881, n° 1, p. 29-33.

562 **Wauters, A.** Sur les bords du Tanganika. 8°, 36 p., 2 *cartes*. Bruxelles, Muquard, 1881.

563 **Young, E. D.** On a recent sojourn at Lake Nyassa. P. R. G. S., 1877, n° 4, p. 225-233.

564 — — Nyassa. A journal of adventures whilst exploring Lake Nyassa. 8°, 240 p. *avec carte*. London, Murray, 1877.

565 **Zoppritz, K.** E. Kaiser's Höhenmessungen auf den Reisen zum Tanganika und Rikwa. M. d. Af. Ges. 1884, IV, n° 2, p. 112 117.

566 — — Lt Wissmanns barometrische Höhenmessungen, id. p. 122-123. (**Voir supplément**.)

Afrique septentrionale.

Maroc ; — Algérie ; — Tunisie ; — Tripoli ; — Sahara ; — Soudan. —

567 **Adam, E.** Conférence sur l'Afrique septentrionale, *avec carte*. 8°, 32 p., Bruxelles, 1879.

568 **Amicis, E. de.** Marokko. Nach dem Italienischen bearbeitet von A. V. Schweiger-Lerchenfeld. Gd 8°, 391 p., Vienne, Hartleben, 1882.

569 **Arenz, K.** Die Entdeckungsreisen in Nord-und Mittel-Afrika von Richardson, Overweg, Barth und Vogel, 1 *carte*. Leipzig, Karl. B. Lorck, 1857.

570 **Atlas.** Excursion dans l'Atlas, dans la Kabilie, etc., 8°, 74 p. Paris, Chaix, 1882.

571 **Ayuso, D.-F.-G.** Viaje de Rohlfs de Tripoli à Lagos. 8°, Paris, Maisonneuve, 1878.

572 **Bary, E.V.** Reisebriefe aus Nord Afrika. Z. G. f. E., Berlin, 1877, t. 3-4, p. 161-199.

573 **Basset, R.** Relation de Sidi Brahim de Massat dans le Sous. B. S. G de l'Est, n° 3.

574 — — Mission scientifique en Algérie et au Maroc. B. S. G. de l'Est, Nancy, 1883, n° 3.

575 **Baumgarten, J.** Gesch. d. Numidier, Mauritanier, Lybier, Ethiopier, Araber, Reich V. Trapezunt, alte Gesch. Spaniens. Halle, 1756, 4°, H. W. Schmidt, Halle, 1878.

576 **Beechey, F.** et **Wand, H. W.** Proceedings of the expedition to explore the northern coast of Africa, from Tripoli Eastward, in 1821-1822, comprehending an account of the creates Syrtis and Cyrenaica and the ancient city of Pentapolis. London, 1828, in-4°, 13 *planches et* 9 *cartes*.

577 **Bernard, F.** La Sebkha d'Amadghor et le massacre de la mission Flatters. B. S. G., Paris, 1882, nº 2, p. 415-418.

578 — — 2ᵉ mission Flatters, 8º, 368 p., *avec carte*, Alger, Jourdan, 1882.

579 **Bonelli, E.** Observaciones de un viaje por Marruecos. Bol. Soc, Geog., Madrid, 1883, XIV, nº 1, p. 7-39, *avec carte*.

580 — — El Imperio de Marruecos y su constitution, 4º, 266 p. Madrid, Munillo, 1882.

581 **Briere, A.** Lettre sur le Transsaharien. 8º, 43 p. Paris, Chaix, 1882.

582 **Bunge, E.** Exploitation du désert, côte O. de l'Afrique. Drapeyron, R. de G., nov. 1882, VI, nº 5, p. 369 372.

583 **Camara, R. Da.** Viagens em Marocos. Lissabon, 1882.

584 **Capitaine, H.** Projets des chemins de fer transsahariens. (B.S.G.C. Paris, 1879, nº 4, p. 144-149, 1 *carte*.)

585 — — L'Algérie (idem, nº 133, p. 289-302).

586 **Castries,** Capᵗ. **de.** Notes sur Figuig. B. S. G. Paris, 1882, nº 2, p. 401-415; id. Oran, 1882, nº 14, p. 242-254, *avec cartes*.

587 **Cat. E.** Une excursion d'Alger à Tunis. Drapeyron. R. de G. déc, 1882, XI, p. 445-452.

588 **Chalon, J.** Souvenir d'Alger. In-12, Lebègue, Bruxelles.

589 **Chavanne, J.** Dʳ Lenz', Forschungsreise von Marokko über Timbuctu nach Senegambien. G. R., III, nº 10 11, *avec carte*.

590 **Clamageran, J. J.** L'Algérie, impressions de voyage (17 mars-4 juin 1873; 14-29 avril 1881), suivies d'une étendue sur les institutions kabyles et la colonisation. Paris, Germer Ballière, 1883.

591 **Commission supʳᵉ** pour l'examen du projet de mer intérieure dans le Sud de l'Algérie et de la Tunisie, par le Commandᵗ Roudaire (livre jaune). 4º, Paris, Ministère des aff. étrangéres, 1882.

592 **Cora, G.** Il Sahara. C. S. G., Italienne, 1882, nº 9, *avec carte*.

593 **Cosson, E.** Forêts, bois, broussailles, etc. du Nord de la Tunisie, explorés en 1883 par la mission botanique. 8º, 42 p., Paris, Imp. nation., 1884.

594 **Crozals, J. de.** Le commerce du sel du Sahara au Soudan. Rev. de Géog., 1886, nº 10.

595 **Cust, R.** The Railway over the Sahara from Algeria to the Sénégal and the destruction of col. P. Flatters. 8°, 18 p. London.

596 **Defournoux, Dr.** Du Maroc en Tunisie. C. R. Soc. Géog., Paris, 1882, n° 17, p. 409-412.

597 **Delsol,** Sbitla (Tunis). B. S. G. C. B., 1878, n° 22.

598 **Demaeght,** Ouargla (B. S. G. Oran, 1879 .n° 3 et 4.)

599 **Demaeght, L.** Notes sur le Dahra occidental. B. S. G., Oran, 1882, n° 17, p. 409-412.

600 **Desjardins, E.** L'inscription géograph. de Coptos, 8°, 23 p., Bull. des antiquités africaines, III, n° 8.

601 **Des Portes et François,** Itinéraire de Tanger à Fez et Mekinés, *avec carte*. B. S. G. P., mars 1878, p. 213-229, 8°, 16 p., Paris, Martinet, 1878.

602 **Dor, H.** Souvenir du congrès d'Alger, Tunis et la Kabylie. 8°, 93 p. Lyon, Imp. Géog., 1882.

603 **Du Mazet, A.** Un projet d'émigration belge en Algérie. B. S. G. C. B., 1878, n° 7, p. 137-143.

604 — — Etudes algériennes ; l'Algérie politique et économique. 8°, 367 p., Paris, Guillaume, 1882.

605 **Dumerque, E.** The chotts of Tunis, or the Great Inland sea of north Arica in ancient times. 8°, London, Allen., 1884.

606 **Duponchel, A.** Les oasis et la culture du dattier dans le Sahara. R. D. M., t. 45, n° 2.

607 — — Le chemin de fer du Soudan. S. L. G., I, p. 81-92, *avec 1 carte*.

608 — — Le chemin de fer trans-Saharien. 8°, 371 p., *avec cartes*. Montpellier, Boehm, 1878.

609 **Duro, C. F.** Reconocimiento de Puerto Cansado. B. S. G. Madrid, nov. 1882, XIII, n° 5, p. 346-350, *avec carte*.

610 **Duveyrier, H** Le désastre de la mission Flatters. B. S. G. P., avril 1881, p. 364-375;

611 — — La voie naturelle indiquée pour le commerce de l'Algérie avec la Nigritie. C. J. S. G. P., I, p. 516-523.

612 **Duveyrier, H.** Note sur la détermination des coordonnées géogr. de Tougourt. C. R. Soc. Géogr Paris, 1880, n° 1, 96 p.

613 — — Note sur la valeur des longitudes dans le Sahara du départ. de Constantine et le Sahara tunisien. id., n° 4, p. 135.

614 **Fabiani, H.** Souvenirs d'Algérie et d'orient 18°, 169 p. Paris, Dentu, 1878.

615 **Gaffarel, Ch.** Kabyles et Kroumirs. 8°, 433 p. Paris, Ducrocq, 1882.

616 **Flatters et Beringer**, Lettres sur la mission dans le Sahara. B. S. G. Paris, mars 1881.

617 **Fontpertuis, Ad. F. de.** Le Sahara algérien, ses oasis, ses populations, ses produits. E. F., 18 fév. 1882.

618 **Fousset, A.** L'Algérie et les Chemins de fer à voie étroite. 8°, 94 p. Paris, Capiomont, 1882, retiré des mémoires, Soc. Ing civils.

619 **Fromentin, F.** Sahara et Sahel. 8°, 404 p. Paris, Plon , 1878.

620 **Galibert, L.** L'Algérie ancienne et moderne, depuis les premiers établissements des Carthaginois jusqu'à la prise de la Smalah d'Abd-El-Kader. 1 beau vol. grand in-8 jésus, orné de nombreuses gravures et de 12 costumes coloriés des armées françaises en Afrique, et d'une carte de l'Algérie, relié. Paris, 1841. Lebègue, Bruxelles.

621 **Gazeau de Vautibault, G. P.** Le Trans-Saharien 8°, 30 p., Paris, Challamce, 1879.

622 — — Le Transsaharien et le Trans-continental africain. 8°, 48 p., Paris, Bergier, 1881.

623 **Gerard, J.** Exploration du Sahara et du continent africain. Paris, Dentu, 8°, 1860.

624 **Goblet d'Aviella, Cte.** Sahara et Laponie. Un mois au Sud de l'Atlas. Un voyage au Cap-Nord. 1 vol. in-18, broché, enrichi de 18 gravures. 2e édition. Paris, 1873. Hachette.

625 **Godio**, Spedizione nel Sudan orientale. C., 1883, VII, no 7, p. 240-247.

626 **Gros, J.** Les voyages et découvertes de Paul Soleillet dans le Sahara et le Soudan, en vue d'un projet de chemin de fer transsaharien. 18°, Paris, Dreifous, 1881.

627 **Hamilton, J.** Wanderings in North Africa, 1852. London, 1856.

628 **Holub, E.** Die Colonisation Afrika's. A. die Franzosen in Tunis. 8°, Wien, Hölder, 1881.

629 **Krause, G. A.** Proben der Sprache von Ghat, 8°, *avec carte*. Mitth. der Riebeckschen Niger-Exped. Chap. II. Leipzig, Brockhaus, 1885.

630 **Largeau,** Le Sahara. E, 1879, n° 113.

631 **La Tripolitaine,** Quale risulta dai viaggi di Gherardo Rohlfs. 8°, 128 p., Rom., 1883.

632 **Lenz, O.** Kurzer Bericht über meine Reise von Tanger nach Timbocktu und Senegambien, *avec carte*. Z. a. G. f. E. z. B., 1881, n° 4, p. 272-293.

633 **Lesseps, F. de.** Lettres, journal et documents pour servir à l'histoire du canal de Suez, 1864-1869. 5° ser., 8°, 401 p., Paris, Didier, 1881.

634 **Martins, Ch. u. E. Desor,** Observations sur le projet de la création d'une mer intérieure dans le Sahara oriental. (Compt. rendus des séances de l'Académie des sciences, 1879, t. 88.)

635 **Meulemans, A.** Etude sur la Tunisie au point de vue du commerce belge, Brux., 1867, 8°, n° 6403.

636 — — L'Egypte et ses relations commerciales avec la Belgique. Brux., 1870, 8°, B. A. R., n° 8059, Brux.

637 **Mersler, F.** Le Sahara, L. G., 1879, n° 1, p. 8-38.

638 **Mouchez,** Note relative à la figuration de la mer sur les cartes modernes, etc. C. R., Soc. Géog., Paris, 1884, n° 17, p. 572.

639 **Nachtigal, Dr. G.** Sahârâ und Sudân. Ergebnisse sechsjähriger Reisen in Afrika. I Thl. 8°, 790 p., *mit 2 kten*. Berlin, Weidmann, 1879.

640 **Niel, O.** Tunisie et guide du voyageur. 12°, *avec carte*, Paris, Challamel, 1884.

641 **Oltramare,** Note sur la détermination des Coordonnées géog. de Tougourt par les obs. astron. de M. H. Duveyrier. C. R. S. G. Paris, n° 1, p. 25.

642 **Paty de Clam, A. du.** Etude sur le système de mer intérieure de M. Rouire C. R. S. G. Paris, 1884, n° 13, p. 375-382, *av. carte*.

643 **Paty de Clam, A. du.** Explication des deux passages de Scylax et de Pompo Nias Mela, sur lesquels s'appuie M. Rouire pour son système de mer intér. Afric. C. R. S. G. Paris, 1884, nº 16, p. 510, *avec carte.*

644 — — Note concernant la mer intér. Africaine, id., 1885, nº 2, p. 64.

645 **Parquet, L.** La mer intérieure et ses contradicteurs. E. 1878, nº 19, p. 236-237.

646 **Perrier,** Détermination des longitudes, latitudes et azimuths terrestres en Algérie. 4º, 232 p. Paris, 1878.

647 **Piesse, L.** Itinéraire de l'Algérie, de Tunisie et de Tanger, 1885. In-18, *avec neuf cartes et dix plans.* Lebègue, Bruxelles.

648 **Pouyanne, J.** Note sur la carte au 12.000.000 de la région entre le Touat et Timbouktou, 8º, 102 p., *avec carte.* Alger, imp. Cheniaux-Franville, 1883.

649 **Projet, le.** de création en Algérie et en Tunisie d'une mer dite intérieure, devant le congrès de Blois. 8º, 44 p., Paris, Chaix, 1885.

650 **Ratzel, Fr.** Kultur-und Staatenkarte von Afrika. Skizze der Staatenbildenden Völker und der Eingeborenen Staaten. Gotha, J. Perthes, 1885.

651 **Raynal,** Gesch. d. Niederlassungen u. d. Handels d. Europäer in Nord Afrika. 2 Bde. Leipzig, 1829. H. W. Schmidt in Halle, 1878.

652 **Reclus, E.** Nouv. géogr. universelle, vol. XI. L'Afrique septentrionale. 2 vol., Paris, Hachette et Cie, 1885.

653 **Roche, J.** La mission d'exploration transsaharienne. R. S., 27 nov. 1880.

654 **Roche de Coste, M. de la.** La mer intérieure africaine. Rev. Géog., Tours, 1885, II, nº 9 10.

655 **Rochon,** Tractaet van vrede tusschen Muley Ismæl Kayser van Marocco ende zijne Hoogheydt den Heere Prince V. Organe staaten general d. vereenigt nederland. La Haye 1864, in-4º. H. W., Schmidt in Halle, 1878

656 — — Reisen nach Marokko u. Indien, Weimar, 1804. H.W., Schmidt in Halle, 1878.

657 [illegible], G. Importanza della Tripolitaine per se stesso e come punto di partenza per gli esploratori. Esq. Et 1880, nº 11, p. 387-395.

658 — — Die transsaharische Eisenbahn der Franzosen. G. R., II, nº 10, p. 468-470.

659 Rouvie, Dr. La découverte de l'ancienne mer intérieure africaine. R. de la S. G., Tours, 1884, I, nº 1 et 2, *avec carte.*

660 Rouire, Dr. Situation géogr. comparée du lac Triton et des Syrtes, C. R. Acad. Inscript. Paris, 1884.

661 — — La découverte de la mer intérieure Africaine. C. R. Acad. Sc. Paris, 1884, nº 24.

662 — — Observations sur les limites de l'ancienne mer Tritonienne et sur les nations astronomiques et les données géographiques du livre IV de Ptolémée. C. R. Soc. Géog. Paris, 1885, nº 3, p. 92.

663 Sacy, S. d. Alfiya, ou la quintessence de la grammaire arabe : Djemaleddin Mohammed, etc., 5 vol., 1830-1834.

664 Sainte-Marie, E. de. La Tunisie chrétienne, 8º, 152 p. *avec* 1 *carte,* Lyon, Pitrat, 1878.

665 Schaver, J. M. Notes supplémentaires à la carte des sources du Yahous, du Yal et du Toumar. B. S. K. G., 1883, II, nº 3.

666 Soleillet, P. De l'oasis d'El-Golea à l'oasis d'In-Calah. B. S. G. A., t. II, p. 10-24.

667 — — Le chemin de fer du Sahara. B. S. G. A., t. II, p. 87-97.

668 Sombrim, Notes sur la Tunisie. Souse et le Kef. B. S. G. C. B. 1878, nº 10, p. 212-216.

669 Stuart, Reise nach Mequiney. Hann 1726, 4º. H. W Schmidt in Halle, 1878.

670 Tchihatchef, P. de. Spanien, Algerien und Tunis. Lettre à M. Chevalier, 8º, *avec carte* Leipzig, Grieben, 1882.

671 Tissot, C. Notice sur le Chott-el-Djérid. (B. S. G. P., Juillet 1879, p. 5-26, *avec carte.*)

672 — — Découverte de la Colonia Ucitana major. Arch. miss. scientif. 1883, x. 131-141, *avec carte.*

673 — — Rapport sur la mission Poinssot, I., en Tunisie, id. p. 319-331, *avec carte.*

674 **Tombouctou**. Renseignements sur cette ville. Journ. officiel, 1884, n° 307 et 308.

675 **Tournafond, P**. Massacre de la mission Flatters. E. xi, n° 220.

676 **Tunisie**, Itinéraires en — — 1881-82, 4°, *avec cartes*, Paris, Ministère de la Guerre, 1882.

677 **Trans-Saharien**. Considérations maritimes au sujet du Trans-Saharien. (B. S. G. Oran, 1879, n° 4, p. 139-150.)

678 **Trumelet, Col**. Les Touareg et le commerce du Sahara. R. G. I., 1878, n° 34, p. 237-239.

679 **Viele, E.-L**. The resources of central Africa; M. Chaimelôt's project for their development by a railway from the Mediterranean to the Soudan. B. A. G. S., 1881, n° 4, p. 165-195, *avec carte*.

680 **Vincent**, St. Bory, Beitrag z. Naturgesch. d. Maskarenischen Inseln m. K. Angef: Haringmann, Tagebuch einer Reise nach Marokko, etc. Weimar, 1805. H. W., Schmidt in Halle, 1878.

681 **Walckenaer, C. A**. Recherches géographiques sur l'intérieur de l'Afrique septentrionale. Paris, 1821, in 8.

682 **Winkler, A**. Notes sur les ruines de Bulla Regia. Bull. antiq. afric. Oran, 1885, iii, n° 12, p. 112, *avec carte*.

683 **Wolff, H**. et **Blachere, A**. Les régiments de dromadaires, *avec carte*, Paris. Bhallamel, 1884, 1 vol. 8°. U. G. d. Nord France.

684 **Wolters**, Le lac Triton et la mer Intérieure. B. Soc. Géog. Const, 1883, n° 4, p. 82-112.

Afrique, Nord-Est.

Abyssinie ; — Assab ; — Atharara, Rivière ; — le Bahr-el-Abiad ; — Le Bahr-el-DjeBel ; — Le Bahr-el-Ghazal ; — Bajuda ; — Berber ou Berbera ; — Chartum ; — Choa ; — Darfertit ; — Darfour ; — Dinka ; — Djur ; — Egypte ; —

Ethiopie; — Gallas; — Cap Gardafui; — Gondokoro; — Kaffa; — Kordofan; Mer Rouge; — Massouah; — Mundo; — Niam-Niam; — Nil Bleu; — Nil Blanc; — Nubie; — Nuer; — Obock; — Somali; — Souakim; — Taka; — Takale; — Tsana; — Zuba, Fleuve.

685 **Abargues de Sostea, J. V.** Notas del viaje por Etiopia, Xoa, Zebul, Uolo Galas. 8°, 93 p. Soc. G., Madrid, 1883, t. xv, n° 4 et 5.

686 **Abyssinie**, Voyage en — — exécuté pendant les années 1839-1843 par une Commission scientifique. 1 v. 8°, atlas et 40 dessins, Paris, 1845.

687 **Adams, W. H. D.** The land of the Nile. 8°, 340 p. London, Nelson, 1881.

688 **Almkvist, H.** Die Bishari-Sprache in Nord-Ost-Afrika. 4°, Upsala, Akad. Buchhandlung, 1886.

689 **Andrée, K.** Forschungsreisen in Arabien u. Ost-Afrika nach den Entdeckungen von Burton, Speke. Kraft, Leipzig, Costenoble, 8°, 1860.

690 **Antinori**, Giornale ed illustrazione dei nuovi laghi fra gli Hadda Halla. B. S. G. Italienne. 1881, p. 585-597.

691 — — O. Spedizione italiana in Africa. Lettere, B. S. G. Italienne. 1882, vii, n° 7, p. 523-532.

692 — — Sulle ultime escursioni fatte nello Scioa. B. S. G. Italienne. 1882, vii, n° 6, p. 411-414.

693 — — Il marchese O. Antinori e la spedizione geogr. ital. nell. Africa equatoriale. 32°, 132 p. Perugia Santucci, 1883.

694 **Antonelli, P.** Scioa e Scioani. B. S. G. J., 1882, vii, n° 1, p. 69-92. B. S. G. Napoli, 1882, juillet, p. 210-237.

695 **Armand, P.** Obock et Cheich Saïd. B. S. G., Marseille 1884, n° 7, p. 247.

696 — — Retour de Mr Giraud. E., 1885, n° 9, p. 163.

997 **Arnaud-Bey**, Expedition au fleuve Blanc, 1839-1842. B. S. G. Paris, mars, 1851, p. 227-230.

698 **Arnolds, J.** Palms and temples : being notes of a four months'voyage upon the Nile. 8°, 376 p. London, Tinsley, 1882.

699 **Assab e Obock**, Lettere. E°, 1882, VI, n° 10, p. 364-366.

700 **Baedeker, K.** Malte, Egypte, Nubie, Abyssinie, Sinaï. 1881, in-18, *avec* 6 *cartes*, 19 *plans et* 4 *grav*. Lebègue, Bruxelles.

701 **Ballhorn, T.** Alphabete orientalischer und occidentalischer Sprachen. 8°, Leipzig, 1853.

702 **Barth**, De Bruxelles au Caire, In-12. Lebègue. Bruxelles.

703 **Beccari, G.-B.** I commerci italiani nel Mar Rosso. B. S. C. S. G. I., 1879, n° 1.

704 **Beke, C.** The sources of the Nile, being a general Survey of the basin of that river and of its head Streams, London, 1860, 8°.

C'est un ouvrage qui traite de l'histoire physique du haut Nil.

705 — — Source of the Nile. 8°, *cartes*, Quarith, B., 1860, Piccadilly, s. w.

706 — — On the mountains forming the eastern side of the basin of the Nile, and the origin of the designation « Moutains of the Moon » Edimbourg, 1861, 8°, 15 p.

L'appellation de Montagnes de la Lune, empruntée par Ptolemée à l'ouvrage de Marin de Tyr, doit s'appliquer au système de montagnes méridiennes, qui domine à distance la côte de Zanguebar, et dont les deux sommités portent les noms de Kenia et le Kilimandjaro.

707 — — The source of the Nile. Nature, 1870.

Critique de K. Johnston sur l'hypothèse de la réunion du Luapula avec le fl. Kassabi.

708 — — The solution of the Nile problem, the Atheneum. 5 fev. 1870.

709 — — The sources of the Nile. London. Madden, 8°.

710 **Beltrame, G.** La Nubie (Cosmos 1879, n° 6, p. 205-214).

711 **Berghoff, C.** Reise durch den Astmur, die Nubische Wüste. A. A. W., 1882, XIII, n° 11, p. 336-339.

712 — — Ein Ausflug nach Meroe. G., 1882, XXV, n° 1.

713 **Birch, S.** Inscriptions in the Hieractic and Demotic Character from the collections of the British Museum, roy. f°, 29 dessins, 1868.

714 **Bianchi, G.** Abissinia, Scioa e Pæsi Galla; relation commerciale. E^e, 1882, vi, n° 9, p. 313-324.

715 **Boucher, R.** Lettre sur la colonie d'Obock. B. S. Bretonne G. Lorient, 1884, n° 14, p. 228.

716 **Brenner, R.** Reise in den Galla-Ländern, 1867-1868. Vorlaüfige Nachrichten. Geog. Mitt., 1868, p. 175.

717 **Bruce, J.** L'Egypte et la mer Rouge, voyages aux sources du Nil en Nubie et Abyssinie, 1768-1772. 8°, 293 p., Limoges, Barbou, 1880.

718 — — Travels and discoveries in Abyssinia. 8°, 228 p., London, Nimms, 1879.

719 — — Reisen z. Entdeckung d. Quellen des Nils in den J. 1768-1773, *avec carte*. 5 B^de, Leipzig, 1790. H. W. Schmidt, Halle, 1878.

720 — — Reisen in das Iunnere von Africa nach Abyssinien an d. Quellen d. Nils, hg. v Gmelin, 2 B^de m. K., 1791. H. W., Schmidt, Halle, 1878.

721 **Brugsch, H.** Lettre à de Rougé au sujet d'un M. S. trilinque sur Papyrus, de l'an 114 avant J.-C. 4°, 3 *cartes*, f., Berlin, 1850.

722 — — Saï an Sinsin Sive Liber Metempsychosis veterum Ægyptorum nunc primum edidit latine vertit H. Brugsch. 4°, carte, Berolini, 1851.

623 — — Geographische Inschriften Altägyptischer Denkmäler, gesammelt während der auf Befehl v. Wilhelm IV von Preussen internommenen wissenschaftlichen Reisen in Ægypten, 3 vol. 4°, 98 *dessins*, 5 *cartes* Leipzig, 1857-1860.

724 — — Histoire d'Egypte dès les premiers temps de son existence. 1er partie : l'Egypte sous les rois Indigènes. 4°, 17 pl. ou facsimilés, Leipzig, 1859.

725 — — Recueil de monuments Egyptiens, 2 vol. Monuments géographiques dessinés et commentés par J. Ducmichen. 4 vol. 8°, 307 *planches*, Leipzig, 1862-1866.

726 — — Matériaux pour servir à la reconstruction du calendrier des anciens Egyptiens, 8°, 13 *planches*, Leipzig, 1864.

727 **Brugsch-Bey, H.** La géographie des nomes ou division administrative de la Haute et de la Basse Egypte aux époques des Pharaons, des Ptolemées et des empereurs romains. fol., Leipzig, Hinrichs, 1876.

728 **Brugsch-Bey, H.** Reise nach der grossen Oase el Khargeh in der Libyschen Wüste, Beschreibung ihrer Denkmäler und wissen, schaftliche Untersuchungen über das Vorkommen der Oasen in den Alt Aegyptischen Inschriften auf Stein und Papyrus, 93 pages, 27 lith. tables, 4°, Leipzig. Hinrichs, 1878.

729 **Brunialti, A.** La colonia d'Assab e i commerci Ital. in Africa. E., 1882, vi, n° 8, p. 281-287.

730 **Buchta, R.** Die Oberen-Nil-Länder, Racen, Vegetationstypen und Landschaften, dargestellt in 160 Photographien, mit Einleitung von R. Hartmann. Berlin, Stiehm, 1881.

731 **Brunialte, A.** La spedizione italiana nella Scioa (Choa). N. A. J., 1879.

732 **Brugsch, H.** Reiseberichte aus Aegypten, *avec* 1 *carte*. Leipzig, Brockhaus, 1855.

733 **Carceri i Licata,** Relazione del progetto di Spedizione ad Assab (Au N. du detroit de Bab-el-Mandeb.) 8°, 25 p., *avec carte*. C. A. Naples, 1880.

734 **Cailliaud, F.** Carte détaillée du cours du Nil, levée dans l'expédition de 1819-27. f°, 10 *cartes*. Caire, 1824.

735 **Caix de St Amour, de.** Les intérêts français dans le Soudan Ethiopien, 18o, 148 p., 3 *cartes*, Paris, Challamel, 1884.

736 **Camperio, M.** Assab. (eodem n° 12, p. 381-386, 1 *carte*.

737 — — Il commercio della Costa dei Somali. E., 1878/9, n° 4. p. 102-105.

738 — — Notizie geogr. e commerc. sull' Abissinia et Scioa. E. n° 7, p. 205 208.

739 **Chabas, F.** Voyage d'un Egyptien en Syrie, en Phénicie, etc., au xive siècle avant notre ère. 4°, 13 *planches*. Châlons s/Saone, 1866.

740 — — Calendrier de l'année Egyptienne, traduction complète du Papyrus Sallier, t. v. 1869.

741 — — Recherches pour servir à l'histoire de l'Egypte aux Temps de l'Exode. 4°, Paris, 1873.

742 — — Etudes sur l'antiquité historique, d'après les sources Egyptiennes et les monuments réputés préhistoriques. 8°, 6 pl. et gravures, Paris, 1873.

743 **Chabas, Maspero, Pleyte.** Collection of 14 tracts, by — — 4°, et 8°, contenant : Recueil de travaux relatifs à la philologie et l'archéologie égyptiennes et assyriennes. Pleyte W. S. et dans la Barque du Soleil, 1865. Maspero, G. la Stèle égyptienne du musée de Rennes, 1874 et autres.

744 **Champollion**, le Jeune. Monuments de l'Egypte et de la Nubie, d'après les dessins exécutés sur les lieux. 4 vol., atlas f°, contenant 400 grav. superb. colorées, Paris, 1835-1845.

745 **Chiarini, P. C. e Cecchi, A.** I mercati principali dello Scioa e dei Paesi Galla. Exc, 1879, n° 1, p. 18-24.

746 **Combes, E.** Voyage en Nubie et en Egypte, Brux., 1846. A. R., Brux., n° 6117.

747 **Comboni**, Ultimo viaggio di Mr — — attraverso Gebel Nuba. E°, 1882, VI, n° 11 p 400, *carte*.

748 **Cooley, W. D.** Notice sur le père Pedro Pæz, suivi d'extraits du manuscrit d'Almeida, intitulé: Historia de Ethiopia a alta. Bull. Soc. Géog., Paris, Mai, 1872, p. 552.

749 — — Claudius Ptolemy and the Nile, and the authenticity of the Mountains of the Moon. London, 1854, 8°.

750 — — The newly discovered Sources of the Nile. Nature, 12 Mai 1870, p. 26.

751 **Cora, G.** Cenni sulla Baia d'Assab ed adiacenze, 8°, 26 p., Turin, Cora, 1882.

752 **Correnti**, L'expédition Italienne dans l'Ethiopie méridionale, R.G. J., 1878, n° 35.

753 **Dandolo, E.**, Viaggio in Egitto, nel Sudan in Siria ed in Palestina. 1850-1851, Milan, Carlo Turati, 1854.

754 **Dapper**, Beschryving d. Afrikanische Gewesten v. Egypten, Barbaryen, Libyen, Biledulgerid, Nigroslant, Guinea, Ethiopien, Abyssinie, *avec carte*. Amsterdam, 1676, fol. Réimprimé par H. W. Schmidt in Halle, 1878.

755 **D'Arnaud**, Documents et observations sur le cours du Bahr-el-Abiad ou Fleuve Blanc, et sur quelques autres points géographiques. *avec carte*, Paris, 1843, 8°, Bibl. Acad. R. Bruxelles, n° 2893.

756 **De Cosson, E. A.** The cradle of the Blue Nile, *avec* 1 *carte*. 8°, London, Murray, 1878.

757 **Delchevalerie,** L'Egypte agricole, industrielle, commerciale et artistique. 8°, 110 p., Paris, Lacroix, 1878.

758 **Desbordes,** Lt-Col. Pénétration au Soudan, 1880-1881. R. M. et C., 1882.

759 **D'Escayrac de Lauture,** De l'influence que le canal des deux mers exercera sur le commerce en général et sur celui de la mer Rouge en particulier. Paris, 1855, 8°. B. A. R., Brux., n° 3447.

760 — — Mémoire sur le Soudan, 1er, 2e et 3e cahiers. Paris, 1855-1856, 8°, *carte*. B. A. R., Brux., n° 2903.

761 **Description de l'Egypte,** ou recueil des observations et des recherches qui ont été faites en Egypte pendant l'expédition de l'Armée Française (Ouvrage publié sous la direction de M. Jomard), Grand Papier Vélin. Les trois séries compl., 9 vol. de texte, folio, et 12 vol. de planches, atlas folio. — Total 21 vol., avec 894 magnifiques gravures, dont 72 coloriées, demi-rel., Paris, 1809 1822.

The NATURAL HYSTORY SERIES, by Geoffroy Saint Hilaire and J. C. Savigny, contains the following plates: MAMMALS 8; — BIRDS 14, EXQUISITELY COLOURED; — REPTILES 15; — FISHES 27; — CEPHALOPODES 1; — GASTEROPODES 3; — MOLLUSCS 14; — ANNELIDES 5; — CRUSTACEA 15; — INSECTS 40; — ECHINODERMS 9; — ZOOPHYTES 5; — ASCIDIA, POLYPI and ALGÆ 17; — BOTANY, by CONTÉ, DELILE et REDOUTÉ. 62; — MINERALOGY, by ROZIERE, COLOURED, 15.

First and best edition of the most magnificent work on Egypt ever published. It was printed by Napoleon I. at the Imprimerie Impériale. A copy sold at Sotheby's for £75 on December 2, 1874, and was bought by a bookseller.

« Edition original de ce magnifique ouvrage exécutée au frais de l'Etat. Chaque exemplaire se vendait 4000 fr. et en papier vélin, 6000 fr. » — *Brunet*.

This original edition contains finer impressions of the plates, and is in every respect more valuable than the « Republicain » by Panckoucke, which has 8 vo. letterpress.

In the VELLUM PAPER copies, of which only a few were printed for presents to the Court, many of the plates are beautifully coloured, such as the Luxor Column, Egyptian Antiquities, Inscriptions, Hieroglyphics, and Subjects in Natural History.

« By its care for scientific and literary interests, the mind of France conquered even when the sword fell from her hand. France brought back a pure and a permanent conquest from Egypt—a conquest unsullied by a crime and undimmed by a tear. The labours of her learned commissioners on the Nile will continue a portion of her intellectual empire to the end of time. No disaster can ever rob her of that glory—so worthily won and so modestly worn. » *Athenæum*, April 1st, 1854.

762 **Desjardins**, E. Mémoire sur l'inscription de Coptos relative à la route du Nil à la mer Rouge. 8°, 16 p. Paris. Imp. Nat. 1883.

763 **Devéria**, Th. Lettre à M. Mariette sur les Hyq s'os. (Revue archéol.) 8°, 2 pl. Paris, 1861.

764 **Dutrieux Bey**, Relation d'une exploration médicale dans le Delta du Nil, 8°, 287 p., *carte*. Brux., Manceaux, 1884.

765 **Ebers**, Cicerone durch das alte und neue Aegypten. 2 vol. Stuttgart-Leipzig. Deutsche Verlagsanstalt, 1886.

766 **Emin-bey**, Dr. Sudan und equat. Provinzen im Sommer 1882. D. A., 1882, IV, n° 43, p. 844-847.

767 — — Wörterverzeichnisse Afrikanischer Sprachen. Z. f. E., 1882, XIV, n° 4, p. 156-179.

768 **Fabian**, Uebersicht über die Entdeckungsreisen zur Erforschung des Nilquellen-Gebietes. P. d. R. I. O. z. Elbing, 1878.

769 **Fahrngruber**, J. Aus dem Pharaonenlande ; eine Fahrt nach dem hunderttborigen Theben, 12, 339 p. Würzbourg, Woerl, 1882.

770 **Fechet**, E. Journal of the march of an Expedition in Nubia between Assouan and Abouhamid. Cairo, 1878.

771 **Felkin**, Egypt, present and to come. I. S. of arts, 2 mars 1883, XXXI, n° 1580, p. 347-363.

772 **Felkin**, R. Uganda und sein Herrscher M Tesa. Jahrsber. Geog. Geg., Munich, 1884, p. 81.

773 **Ferret et Galinier**, Voyage en Abyssinie, au Tigré, du Samen et de l'Amhara. 3 vol., atlas, 50 pl. col., Paris, Paulin, 1847.

774 **Fraccaroli**, A. Gita commerciale nel Cordofan e Darfur. Ere., 1880, n° 4, p. 161-166.

775 **Gaby**, T. J. B. Relation de la Nigritie. Paris, 1689.

776 **Gallen**, R. P. Excursion au lac de Fayoum, Egypte. M. C., 1882, VIX n° 680, p. 281-284.

777 **Caneval**, A. L'Egypte, les habitants, le Canal de Suez. E., 1882, XIV, n° 289, p. 319-326.

778 — — L'Egypte, notes d'un Résident français. 8°, Paris, Challamel, 1882.

779 **Gilbert**, Le Nil Blanc et les explor. récentes. Brux., 1862, 8°, B. A. R., Brux., n° 3438.

780 **Gladisch, A. D.** Mysterium d. Aegypt. Pyramiden u. Obelisken. Halle, 1846 H. W. Schmidt in Halle, 1878.

781 **Gordon**, Colonel. Voyage sur le Haut Nil. B. S. G. P., Novembre 1875, p. 514-520.

782 **Grand Elliott**, Exploration et organisation de la province de Kwilou Niadi. B. Soc. belge de Géog., 1886, n° 2, p. 101.

783 **Grant, J. A.** Speke's Nile, Livingstone's Congo. B. E. M., Juillet 1875, p. 100-111.

784 **Graves, J.** Le cap Gardafui, *avec carte*. B. S. K. G., n° 9, p. 29 43.

785 **Guillain, Kraft**, Die Völker Ost Afrika's. Zur Erklärung der Ethnographischen Typen in Tafeln, 18. Geog. Mitth. Pet^n. p.396.

Cet ouvrage comprend : Die Somali-MedJertin – die Somali Uarsangeli – die Bewohner von Gurage – die Sawahili – die Araber auf Sansibar – die Wakamba – die Bewohner von Chaga - die Wabougu, Mukamango, Wamakua, Wanyassa und Wanamoési.

786 **Gumprecht, T. E.** Die Reise des Pater Krump in Nubien in den Jahren 1700-1702 und dessen Mittheilungen über Abyssinien. B. M. B., Ges. Erdk. VII, 1850, p. 39-88.

787 **Güssfeld, P.** Die Arabische Wüste und ihre Klöster D. R., 1878, Bd. v, n° 1, p. 95-112.

788 **Hansal, M.** Nachrichten aus Chartum (Mitth. D K. K. G. Gesellsch. 1879, n^r 6 und 9.)

789 **Harris**, The Highlands of Ethiopia and Residence at the Court of Schoa, *carte, plans et vignettes*, 3 vol., 8°, Wheldon, London.

790 **Hartmann, R.** Die Bejah, (Ztschr. f. Ethnologie, 1879, n^r 1 u 2).

791 **Hemsley, W. W. B** Notice sur les productions végétales de l'Abyssinie. Trad. de l'anglais par A. Preudhomme de Borre Gand 1869, 8°, B. A. R. Brux., n° 1193.

792 **Hennequin, Major.** Notes et considérations sur l'Egypte. B. S. R. Belge de G. 1882. VI, n° 5, p 541-583.

793 **Heuglin von, Th.** Reisen in Nord-Ost-Afrika, Tagebuch einer Reise von Chartum nach Abyssinien mit besonderer Rücksicht auf Zoologie und Geographie, unternommen in den Jahren 1852-1853,

Mit Karte, 2 Holzschnitten, einem Gebirgsdurchschnitt und 3 Bildern.

794 **Heuglin, V.** Dr. Reise in den Somali-und Danakel-Ländern, G. M. P., 1857, p. 485; 1858, p. 164.

795 — — Reise längs der Somali-Küste im Jahre 1857, *avec carte*. G. M. P., 1860, p. 418-437.

Contient : I Die Bucht von Tedjura und der Assal-See.—II, Die Tedjura nach Seilà u. Berbera. — III, Von Berbera der Küste en tlang bis Bender gam.—IV, Die Halbinsel und der Hafen von Aden.—V, Rückreise von Aden nach Kairo.

796 **Hansal, L.-M.** Zur Geschichte des Aufstandes im ägyptischen Sudan, 1881-82, O. Z. f. d. Or., 1882, n° 11-12, 1883, n° 3.

797 **Hope-Edwardes, E.-C.** Eau-de-Nil; a Nile Diary, 8°, London, Bentley, 1882.

798 **Hubbe-Schleiden, W.** Ethiopien. Studien über West-Afrika, 8°, *avec* 1 *carte*, Hamburg. Friederichsen, 1878.

799 **Insinger, J.-H.** In het land der Nijl-Cataracten, Tijdschr. Ned. aardr. Genootsch. 1885, n° 1, p. 1.

800 **Janiczek, Z.** Der Handel im Rothen Meere. O. M. f. d. O., n° 10, p. 155-159.

801 **Janke, Capit.** Tunis und Karthago. (Jahresber. d. Vereins f. Erdkunde, Metz, 1879, p. 39-41. *avec carte*.)

802 **Janssen, C.** Sur le Nil. Souvenirs de voyage, (1875). 12°, 150 p., Liège, 1878.

803 **Jomard, E. F.** Notice sur les Gallas de Limmou. Paris, 1839, 8°, *carte*. B. A. R. Brux., n° 3374.

804 — — Notation hypsométrique et nouv. récentes de la Nubie, Abyssinie. Paris, 1840. B. A. R., Brux., n° 337.

805 — — Vocabulaire de la langue Botecudos. Paris, 1846, 8°, B. A. R., Brux., n° 7011.

806 — — Remarque au sujet du voyage du Dr Barth dans l'Adamawa. Paris, s. a., 8°. B. A. R., Brux., n° 6858.

807 **Jones, J.** An account of the Moorish way of dressing their meat (with other remarks) in West Barbary, from Cape Spartel to Cape de Geer. P. T., 1699, p. 436.

808 **Juncker, W.** Excursion dans le désert Libyque. B. S. K. G., 1880, n° 7, p. 37-43.

809 **Kan, C. M.** De reizen van Juan Maria Schuver in het gebied van den Blauwen Nijl. Tijdschr. Aardr. Gen. Amst., 1883, VII, n° 2, p 80 101, *avec carte*.

810 **Kauffman, A.** Schilderungen aus Central Afrika, oder Land und Leute im oberen Nil-gebiete am Weissen Flusse. 8°, Brixen, Weger, 1862.

811 **Keller, C.** Naturwissenschaftliche Reisen auf dem Isthmus und am Rothen Meere. Mitt.der Geogr. Conn.Gesellsch. zu St Gallen, 1883, I, n° 1, p. 1 31.

812 **Klunzinger, C. B.** Zur Wirbelthierfauna in und am Rothen Meere. Z. G. f. E., Berlin, 1878, n° 1, p. 61-96.

813 **Kurze, G.** Die Schwedische Galla-Expedition. M. d. G. G. Z. J., 1882, I, n° 2, p 86-89.

814 **Land**, Das — der Niam Niam und die Südwestliche Wasserscheide des Nils. Geog. Mitt., 1868, p. 412.

D'après les nouvelles de C. Piaggia et de Poncet.

815 **Lande, L.** Sur les voyages en Ethiopie de M. S. Arnoux. R. d. D. M., 15 déc. 1878.

816 — — Un voyageur français dans l'Ethiopie méridionale. Une colonie française dans le Choa. La mission de M. Arnome. (Revue des deux Mondes, déc. 1878, jan. 1879.)

817 **Lapanouse, M. J.** Mémoire sur les caravanes venant du Royaume de Darfurth en Egypte. M. S. E., t. 4, p. 77.

Avec les détails sur les lieux où elles passent et sur le commerce qui se fait en esclaves et marchandises précieuses.

818 **Laut**, Dr. Der Moris See. Ausland, 1883, LVI, n° 35, p. 687-691.

819 **Le Jean**, Voyages de M. G. — — dans l'Afrique orientale. (Le tour du Monde, 1861, p. 139-144.)

820 — — Voyage dans l'Afrique orientale. (Le tour du Monde, vol. 5, n° 116, p. 177-192, 1862.)

821 — — Renseignements statistiques et commerciaux sur le Soudan oriental, recueillis en 1860-1861 durant le cours d'une mission officielle en ce pays. Ann. du commerce ext. n° 1444, 1862.

822 **Lenoir, P.** Le Fayoum, Le Sinaï et Pétra. Expédition dans la moyenne Egypte et l'Arabie Pétrée, 1 vol. in-18, broché, orné de jolies gravures. Paris, 1872 Hachette, Paris.

823 **Mariette, A. Pacha,** Le Sérapéum de Memphis, découvert et décrit, folio, part. 1-10, la 3e section. (Monuments découverts dans les souterrains) 36 planches, avec texte. Paris, 1857.

824 — — Lettre à M. le Vic de Rougé sur les résultats des fouilles, datée 14 mars 1860, (fouilles de Tanis,) 2 déc. 1860; 5 déc. 1861; 4 pl. (Rev. Archéolog. 1860-62).

825 — — The monuments of Upper Egypt. translated from the « Itinéraire de la Haute Egypte, » (A. Mariette). 8°, *carte et pl.*

826 **Marteus, F.** La question Egyptienne et le droit international, 8°, 1882. Muquardt, Bruxelles.

827 **Martini, S.** La baia d'Assab, e revelazioni sull' esito dell'ultimo periodo della spedizione in Africa. 8°, 92 p., Florence, Gazetta d'Italia, 1881.

828 **Massaua, G. Cardinal.** I miei trentacinque anni di missione nell' alta Etiopia. Gd. 8°, 216 p. *avec carte.* Rome, T. P. 1885.

Le cardinal Massasa dirige l'ordre des Capucins du pays Galla depuis 1846. En 1854 il retourna en Europe pour la 1re fois. Cet ouvrage contient beaucoup d'illustrations et de notes Ethnographiques.

829 **Matteucci, P.** Spedizione commerciale in Abissinia. Letter (Cosmos, 1879, v, n° 5 u. 7.) Esploratore, 1879, n° 8, u. 12.

830 — — Spedizione Gessi-Matteucci: Sudan e Gallas. 16°, 304 p. Milan, Trèves, 1879, 1.

831 **Matthey, A.** Explorations modernes en Egypte. 12°, 258 p., Lausanne, Vincent, 1878.

832 **Meister,** Abh. üb. d. Pyramiden, *avec* 1 *grav.*, 1781. H. W., Schmidt in Halle, 1878

833 **Mémoires** de la Société Ethnologique, tom. I-II, 2 vols., 8 vol. *cartes et gravures.* Paris, 1841-1845.

These volumes contain extensive vocabularies of the Polynesian, Indian Archipelago. and various African dialects; with important articles on the Parsees, the Foulahs, the Yebous in Africa, etc. etc. by D'Avezac Col. Julian, R. Jackson, Gustave d'Eichthal, W. F. Edwards, Pavie. Sabin Berthelot, and others, with fine plates illustrating the different types of heads.

834 **Meny, V.** Quatre mois en Orient, Obock, la côte des Somalis, Mascate, Bagdad et la vallée du Tigre. 18°. Paris, Marpon, 1882.

835 **Moscones, D.** Sudan orientale e Abissinie. Lettera. Ere, 1882, n° 1, p. 24-26.

836 **Nachtigal, G.** Handel im Sudan. M. G. G. H., 1876 1877, p. 305 à 326.

837 — — Sahara und Sudan : Ergebnisse sechsjähriger Reisen in Africa. Part II. Berlin, 1881. Natur, n° 696, vol. 27, p. 408.

838 **Niebuh, C.** Description de l'Arabie, 1774. Voyage en Arabie, 2 vol. 1776-1780. 4 vol., 4°, plans et planches Amsterdam, 1774-1780.

Michaelis, recueil de questions proposées à une Société de savants qui font le voyage de l'Arabie, 1774.

839 **Oliphant, L.** The land of Khemi ; up and down the Middle Nile. 8°, 266 p., London, Blackwoods, 1882.

840 **Oppert, M.** Mémoire sur les rapports de l'Egypte et de l'Assyrie dans l'antiquité. 4°, Paris, 1869. H. C. Watson, lib., London.

841 **Paulitschke, Ph.** Ueber die Etymologie und Schreibweise einiger Geog. Namen in Ost-Afrika, 8°, 10 p. Progr.Gymn.Hern., 1884.

842 **Pechuel Loesche**, Die Bewirtschaftung tropischer Gebiete. Strasburg, Trubner, 1885.

843 **Peney, A. Dr.** Ses dernières explorations dans la région du fleuve Blanc, 1860 61. Extrait de ses notes et de son journal de voyage, mis en ordre par Malte Brun, *avec* 1 *carte*. Bull. Soc. Géog. de Paris, 1863.

Les principaux résultats géographiques sont : son voyage à Gondoroko, à l'ouest vers Niambara, au sud par le fleuve jusqu'au cataracte de Makédi, sa visite aux cataractes de Gondoroko et ses observations météorologiques.

844 **Penazzi, L.** Sudan orientale, 16°, 50 p. Naples, Detken, 1881.

845 — — Il commercio nel Sudan orientale. E^re, 1882, VI, n° 8; p. 292 300.

846 — — Dal Po ai due Nili, relazione della spedizione Pennazzi-Bessone. I. a dorso do cammello. 16°, 352 p. *avec cartes*. Milan, Trèves, 1882.

847 **Petermann, A.** Baker's Entdeckungen im Quellgebiete des Nils. Geog. Mitt. Notizen, p. 865, p. 271.

848 **Petermann, A.** Vier Expeditionen zur Entdeckung der Nil-Quellen. Geog. Mitt. 1861, p. 117.

Madi se trouve 2° 30' Long. N. 30° 20' Lat. E. de Paris. Galuffi 2° 12' Long. N. 30° 40' Lat. Est.

849 — — Die Somali-Expedition unter Lieutenant Richard Burton in den Jahren 1854-1855. 1° Bericht der G. G. L. 2° Bericht in A. I. M. G. M. P., 1856, Heft IV, p. 146.

850 **Petherick, J.** Memorandum of a journey from Kartum by the White Nile (Bahr el Gazal) and in the interior of central Africa, 1857-1858. (Proceedings R. G. S. T. V., n° 1.)

851 — — Reise in den Nil-Ländern bis zum Aequator. Geog. Mitt. Pet. 1860, p. 114.

Il suivit le Fleuve Blanc jusqu'à l'embouchure du Sobat. La largeur est de 100 yards. Il passa l'embouchure du Fleuve des Giraffes, qui se sépare à 5° N. du fleuve-principal et se réunit de nouveau au-dessous du lac-Gazella.

852 — — Egypt, the Soudan and central Africa. 8°, 482 pp. 1 c. London, Blackwood

853 **Poncet, J.** Excursions et chasses à l'éléphant au fleuve Blanc. Nouv. ann. des Voyages, nov. 1863 et fév. 1864.

854 **Potkenius, J.**, - Narratio de Aethiopia. - Rome, 1513.

855 **Progrès** des études relatives à l'Egypte et à l'Orient, publication faite sous les auspices du Ministère de l'Instruction publique, 8°, Paris, 1867.

856 **Prout, H.-G.** General Report on the Province of Kordofan, 8°, 216 p. *avec cartes*. London, Trubner, 1878.

857 **Rabourdin, A.** Les âges de pierre du Sahara central, 8°, 60 p. *avec carte*, Paris, Hennuyer, 1881.

858 **Raffray, A.** Voyage chez les Oranika, sur la côte du Zanguebar. T. d. M., 1878, n° 905.

859 — — Voyage en Abyssinie, à Zanzibar et aux pays des Ouanika, B. S. G. P., sept. 1875, p. 291 313.

860 **Reinisch, L.** Die Chamir-Sprache in Abessinien, II, g. 8°, Vienne, Gerolds Sohn.

861 — — Die Quara-Sprache in Abyssinien. I, 8°, Vienne, id. id

862 **Revoil, G.** Voyage au pays des Çomalis. B. S. G. M., 1881, n° 10, p. 329-353.

863 **Révoil, G.** La vallée du Darror, voyage au pays des Çomalis, 8°, *avec carte*. Paris, Challamel, 1882.

864 — — Le commerce on pays Çomali. B. S. G. P., 1880, n° 5, p. 386-394.

865 — — Voyage au cap des Aromates. (Cap Gardafui). 18°, 299 p., *avec cartes*. Paris, Dentu, 1880.

866 **Rich, C. J.** Narrative of a Journey to the site of Babylon in 1811, with memoirs of the Ruins of Persepolis, Babylon. 8°, 1839.

867 **Rifaud,** Voyage en Egypte et en Nubie et lieux circonvoisins, 1805-1828, liv. 1-36, atlas f° cont[t] 170 pl., 22 en couleurs d. poissons, insectes et botanique. Paris, 1830.

(Tout est publié).

868 **Rivoire, D. de.** Mer Rouge et Abyssinie. 18°, p. 312, Paris, Plon, 1880.

869 **Rohlfs,** Handel u. Colonien in Nord-Africa Ex., 1880, n° 22.

870 **Romieu, A.** Lettres à Mr Lepsius sur un Decan du Ciel Egyptien, 4°, 2 pl., Leipzig, 1870.

871 **Rougé, E. de.** Recherches sur les monuments qu'on peut attribuer aux six premières Dynasties de Manéthon, 4°, 8 *planches*, Paris, 1866.

872 — — Chrestomathie Egyptienne, 4 parties en 2 vol. impl., 8°, 15 *planches*. Paris, 1867 1876.

Contenant : 1° Introduction à la lecture des écritures Egyptiennes, 15 planches. — 2° Abrégé grammatical, la Stèle du Roi Piankhi-Meriamen.

873 **Rüppel,** Atlas zu d. Reise im Nörd l. Africa, 6 Thle, bearb v. Ph. J. Cretzchmar, Heyden, Ruppel und Leuckardt. Francfurt, 1826-1831. H. W. Smidt in Halle, 1878.

874 — — Reisen in Nubien, Kordofan und Petraisch Arabien, *av. pl. et c.* Francfurt, 1829. H. W. Smidt in Halle, 1878.

875 — — Reise in Abyssinien. 2 vols., 8° et 4°, Atlas of maps and ethnological plates. Frankfurt, 1838-1840.

876 **Ruse, C.** Abessiniens gegenwärtige Lage. D. G. B., 1878, n° 3, p. 143-169.

877 **Schaff, Ph.** Through Bible Lands. Notes of Travels in Egypt, the desert and Palestine. 8°, 413 p. London, Nisbet, 1878.

878 **Schneider, G.** Die Katholische Mission von Zanguebar. Thätigkeit und Reisen des P. Horner. 8°, 324 p. *avec* 1 *carte*. Regensburg, Manz, 1877.

879 **Schweinfurth, G.** Notice sur la grande oasis du désert Libyque, adressée à M. H. Duveyrier. (Bull. Soc. Geog. Paris, juin 1874, p. 627 674.

880 — — The eastern Desert of Egypt. A., 1878, n° 2651.

881 — — Le lac Moeris, B. S. Khed. Geog. 1884, II, n° 5, p. 247.

882 **Schweinfurth, G. Roth, G. Gessi, R.** Wiederaufleben des Sklavenhandels in Aegypten. O. M. f. d. O., 1880, n° 6, p. 98-102.

883 **Scioah**, La spedizione italiana nello — G. d C., 1878, mars 22.30.

884 **Sénégal et Gambie**, Les voyages de Le Maire aux Iles Canaries, Cap Vert, Sénégal et Gambie. Paris, 1695, in 12.

885 **Simon, G.** L'Ethiopie, ses moeurs, ses traditions, les églises, monolithes de Lalibela. 8°, *avec carte*, Paris, Challamel, 1885.

886 **Sonnini, S.** Reisen in Ober-u. Nieder-Aegypten. 2 vol. m. 13 K. Leipzig, 1800. H. H. Schmidt, 1878.

887 **Spedizione** Italiana Matteucci Cordofan. L. P. Bologna, 1880. n° 153 et 153.

888 **Speke, Cap. J.-H.** The Upper Basin of the Nile, from inspection and information, *avec* 1 *carte*. Journ. R. Geog. Soc. London. vol. XXXIII, 1863, p. 322-346.

Se distingue par ses cartes géografiques et astronomiques.

889 — — What led to the Discovery of the Nile, 8°, 1864.

890 **Stacquez**, L'Egypte, la Basse Nubie et le Sinaï. Liége, 1865. 8°. B. A. R. Brux., n° 5903.

Relation, d'après les notes de S. A. R. Monseigneur le Duc de Brabant, (actuellement S. M. Léopold II, Roi des Belges, Souverain de l'Etat Indépendant du Congo,) d'un voyage dans ces contrées en 1862 et 1863.

891 **Stecker, A.** Die Rohlfs'sche Expedition nach Abessinien. Reisebriefe. M. d. A. G., II, n° 4, p. 193-210.

892 **Stone, C. P. Prout, H. G.** General report on the province of Kordofan. Cairo, 1877, 8°, 222 p., *avec* 5 *cartes* et une table en profil.

893 **Stone Pacha,** Les expéditions égyptiennes en Afrique. Bul. Soc. Khed. Géog., Caire, 1885, n° 7, p. 343.

894 **Sudan,** Report on the Egyptian provinces of the — — , Red Sea et Equator. 8°, 210 p., *avec carte*. London, Intell. Branch War office, 1863.

895 **Tangye, R.** Reminiscences of travel in Australia, America and Egypte. 8°, 290 p. London, Low, 1883.

896 **Taylor, B.** Eine Reise nach Central Africa, oder Leben und Landschaften von Aegypten bis zu den Negerstaaten am Weissen Nil. Ueberzetzt von J. Ziethen, Leipzig, Voigt und Gunther, 1855.

897 **Thomson, J.** Notes on the route taken by the R. Geogr. Society's East African expedition, from Dar-es-Saleem to Uhehe, *avec* 1 *carte*. P. R. G. S., 1880, n° 2, p. 102-122.

898 **Vallon, E. Lartigue,** Côte d'Abyssinie. Plan des environs du port d'Obock. Paris, Lemercier, 1881.

899 **Verloop, M. C.** Het land der Somali's, waar de « Overijssel » strandde. T. J. A. G., Samarang, I, n° 3, p. 17-21.

900 **Vienot,** Les bords du Nil, Egypte, Nubie, 4°, 296 p. Rouen, Cagniard, 1886.

901 **Vigone, P.** Abissinia. Giornale di un viaggia I. 8°, 244 p. *avec carte*. Milan, Hoepli, 1880.

902 **Vinco,** Père. Briefe aus Chartum. Vienne, 1855-1856. Geog. Mitt., 1857, p. 440 (notice)

903 **Vyse, J. W.** Egypt, political, financial, strategical. 8°, 320 p. *avec* 6 *cartes*. London, Allen, 1882.

904 **Wakefield, Th** Fourth journey to the Southern Galla country in 1877, *avec carte*. P. R. G. S., 1882, IV, n° 6, p. 368-372.

905 **Wauters, A. J.** Gordon pacha et la route de Khartoum au Congo. L. mouv. Géog., 1884, n° 5.

906 **Wauwermans,** Les sources du Nil, *avec* 1 *carte*. B. S. G.A., 1887, 1 vol. p. 71-80.

907 — — Notice sur les sources du Nil, etc. Anvers, 1877, 8°, *carte*. B. A. R. Brux., n° 3390.

908 **Wauwermans,** Voyage d'un Belge dans le haut Nil (Eugène de Pruyssenaere de la Wostyne.) B. S. G. B., 1878, t. 4, p. 387-415.

909 **Werne, F.** Expedition zur Entdeck. d. Quellen d. weissen Nils 1840-1841, Vor. v. von C. Ritter, m. K. Berlin, 1848. H. W. Schmidt, Halle, 1878.

910 **Whitehouse, F.** Moeris, la merveille du monde. Ecole des mines, Quarterly C. 1884.

911 — — The Reian Basin of Lake Moeris. Athen. 1885, n° 3018, p. 274, *avec carte*.

912 **Wilson, C. T.** et **Felkin, W.** Uganda and the Egyptian Soudan, London, 1882, 2 vol. in 8°, Sampson Lou et C°.

913 **Winning, W.-B.** Manuel of comparative Philology, in which the affinity of Indo-European languages is applied to History. 8°, 1838.

814 **Winstanley, W.** A visit to Abyssinia, 2 vol. 8°, 618 p. London, Hurst, 1881.

915 **Zarb, J.-M.** Les Spécimens Botaniques collectionnés par le Dr Pfund pendant les expéditions égyptiennes au Kordofan et au Darfour. Gr. 8°, 40 p. Caire, Etat-major Général, 1879.

916 **Zeitschrift für Aegyptische** Sprache und Alterthumskunde, herausgegeben von C. R. Lepsius und H. Brugsch. Complet depuis le commencement en juillet 1863 jusqu'au mois de juin 1877. 14 vol. en 7 t. et 2 part. roy. 4°, planches avec facsimilés d'hiéroglyphes. Leipzig, 1863-1877.

917 **Zittel, K. A.** Beiträge zur Geologie und Paläontologie in der Libyschen Wüste, 4°.

918 — — Exped. zur Erforschung der Libyschen Wüste von G. Rohlfs. liv. III. I. Cassel. Fisscher, 1883.

919 **Zucchinetti, V.** Mes voyages au Bahr-el-Gebel, Bahr-el-Gazal et Nouba. B. S. K. G., 1881, n° 11.

Côte orientale.

920 **Africa, E. Coast.** River Zambesi to Mozambique harbor 1,730.000 (nº 1810. London, Hydrogr. off.)

921 — — Sheet 10, from 6º 38' S, to 4º 23'5, including the islands of Zanzibar and Pemba, nº 664, H. O., London. 1879.

922 — — Kiuyu, George, Cockburn ports. Chaki, Chakibay, nº 1812, H. O., London, 1880.

923 — — Tugela river to Delagoa bay. (nº 2098), H. O., London, 1880.

924 — — Kilifi river I, 18.000, (nº 238), London, Hydrogr. Off., 1885.

925 **Africa, Pilot.** South and East Coasts. Part III, 1878, 8º, London, H. O., 1878, 6 sh.

926 **Afrique équatoriale de l'Est,** Du transport et des centres commerciaux dans l' — — . B. S. G. A., V, nº 1, p. 58-77.

927 **Andrée, K.** Kulturgeograph. Erläuterungen zu der Karte von Süd-Afrika, *avec* 1 *carte.* Globus, vol. VI, 12 p., 375-378; VII, 16-20; 143-146 G. M. P., p. 313 (65).

928 — — Stanley und Livingstone in Ost-Africa. G, Bd XXII, 1872, nº 1. 4.

929 **Angelvy, G.** Voyage dans le bassin de la Ruovouma. C. R. S. G., Paris, 1885, nº 12, p. 373, *avec carte.*

930 **Aubry,** Observ. géol. sur le Royaume du Choa et le pays Gallas. C. R. Hebd. Acad. Sci. Paris, 1885 T. C. I., nº 23.

931 **Aylward, A.** The Transvaal of To-day. 8º, 440 p. London, Blackwoods, 1878.

932 **Bain, J. A.** Missionary exploring trip north of Lake Nyassa. Free Church Monthly, 1885, nº 47, p. 329.

933 **Baines**, Victoria falls of the Zambezi. G. M. P., p. 315.

934 **Barbosa, Duarte**, A description of the coasts of East Africa and Malabar in the beginning of the sixteenth century. Londres, imprimé pour la Société Hakluyt, L., 1867.

Traduit d'un manuscrit espagnol de la librairie de Barcelone, avec notes et préface de H. Stanley.

935 **Beardall, W.** Exploration of the Rufiji River under the orders of the Sultan of Zanzibar. P. R. G. S., 1881, nº 11, p. 641-657, *avec carte.*

936 **Beaver, P. Cap.** Memoranda relative to an Attempt to establish a British Settlement on the Island of Bulama, on the West Coast of Africa in 1792, as the means of gradually abolishing African Slavery. *Grande carte.* 4º, J. Wheldon, London.

937 **Behm, E.** Die Völker Ost-Afrika's, nach Guillain, Kraft u. A., *avec 25 types ethnogr. et une carte.* G. M. P., 1858, p. 396 et table 18.

938 * * * Belgium of the East (Africa), 8º, 248 p. London, Allen, 1882.

939 **Bianchi, G.** Alla terra dei Galla; narrazione della spedizione Bianchi in Africa nel 1879-1880, 8º, 552 p. Milano, frat. Trèves, 1884.

940 **Bleek, Dr.** Unter den Kaffern. Auszüge aus des Reisenden Tagebuche vom 31 Mei bis 17 August 1855.

941 **Böhm, R. Kaiser, E. Reichard, P.** Die Ost-Afrikanische Station. M. A. G., III, nº 1, p. 2-21.

942 **Böhm-Reichard**, Das Ende der — — schen Expedition nach Ost-Afrika. Allgemeine Zeitung, 16 juin 1885.

943 **Böhm, R.** Die Ost-Afrikanische Expedition. Reisebriefe. M. d. A. G., II, nº 4, p. 179-183.

944 **Botelho, S. X. de** : Memoria estatisca sobre os dominios portuguezes na Africa oriental. Lisboa, 1835.

Donne beaucoup de notices utiles sur le Mozambique et Sofala.

945 **Bradshaw, R.** Darra Salam, Africa, M. M. M., avril 1858, p. 117-118.

Relation sur —41 milles marins au Sud de Zanzibar et sur les ports qui se trouvent dans l'est, qui ont été relevés en 1867 par l'auteur. Cette position est 6° 49' Lat. S. et 39° 22' Long. Est de Greenw. Voyez aussi l'article « carte marine et Kirk. »

946 **Buchanan,** The Shiré Highlands. Edinburgh, London. Blackwoods, 1885, *avec 1 carte.*

947 — — The Shiré Highlands as Colony and mission. 8°, 250 p. *avec carte.* London, Blackwoods, 1886.

948 **Burton, R.** Premier pas dans l'Afrique orientale. Bruxelles. 1857.

949 — — L'expédition anglaise sous Burton et Speke. G. M. P., 1859, p. 375, 389, 428, 496.

450 — — Der grosse inner-Afrikanische See und die Quellen des Nils. G. M. P., 1859, p. 347.

951 **Burton, F.** Notes from the journal of the East African Expedition. R. G, Soc. L., VII, n° 1.

952 — — First Footsteps in East Africa; or an Exploration of Harrar. London, Longman et C°, 1856, G. M. P., 1856, p 307.

Cet ouvrage comprend : Le départ d'Aden, la vie au Zayla, excursion au Somali, voyage de Harar à Zayla dix jours à Harar, voyage à Berbera et alentours, la grammaire et le vocabulaire de la langue Harari et observations météorogiques, quelques dessins coloriés, une carte des environs de Berbera et une du pays des Somalis.

953 — — Expedition nach dem Grossen See Inner-Afrika's. G. M. P., 1858, p. 297.

954 **Calmette-Terral,** Le delta du Zambèze. B. S. G. C., Bordx., 84, VII, n° 19, p. 545.

955 **Cardozo, A.** Voyage de Capello et Ivens dans l'Afrique orientale. A. E., II, n° 2, p. 34-39, *carte.*

956 **Coillard,** Voyage au pays des Banyais et au Zambèze, *avec carte.* B. S. G. P., nov. 1880, p. 385-401.

957 **Coillard et Apia,** La mission au Zambèze. 8°, 36 p., Paris, Bonhoure, 1880.

958 **Côte orientale d'Afrique.** Rivière de Nizizima. D. d. l. M. P. 1870.

959 **Christopher**, W. Extrait d'un journal de la côte Est d'Afrique. J. R. G. S., XIV, 1844, p. 76-103.

Description du Nord de Mombas sur Kiloa, Zanzibar, ainsi que des villes commerçantes de la côte des Somalis.

960 **Dagregister**, Gehouden in de Brigantijn Peijenoor, op de reis in Oost-Afrika, 1732.

Manuscrit des Archives Neerlandaises.

961 **Decken, Bon C. C. von der**. Reisen in Ost-Afrika, 3 B^d, G. M. P., 1859, p. 393.

962 — — Lettre au Dr H. Barth, datée Zanzibar, 20 fév. 1861. Z. Al. E., juin 1861, p. 467-471, *avec carte*.

Comprenant les grands résultats de son premier voyage, le voyage vers Kilwa et la route de Roscher au Niassa en octobre 1860 à janvier 1861.

963 — — Reise nach den Ost-Afrikanischen See'n. G M. P., 1861, p. 119.

964 — — On the Snowy Mountains of Eastern Equatorial Africa. P. R. G. S., vol. VIII, n° 1, déc. 1863, p. 5-9.

965 — — Reisen in Ost-Afrika in 1859-1865, von Dr O. Kersten. Leipzig, 1869-1873. G. M. B., 1872, p. 78.

966 — — Reisen in Ost-Afrika in den Jahren 1859-1865, von Sadebeek, Ascherson en Boecheley. Leipzig. Winter, 1879.

967 **Dejoux, J. R.** La mission de Mopea, Haut Zambèze. M. C., 1882, n° 660 p. 38-39.

968 **Delitour**, D^r. M. Reise in Ost-Africa. G. M. P., 1863, p. 313.

969 **D'Elbée**, Journal du voyage du sieur d'Elbée dans l'Est de l'Afrique. Paris, 1671.

970 **Depelchin, P.** Mission am oberen Zambesi. J. d. v. d. G., 1882, n° 4, p. 46-54.

971 **Desadeleer, P.** Haut-Zambèze; les missionnaires au pays d'Umzila, M. C., 1882 XIV, n° 666, p. 109-112.

972 **Devereux**, W.C. A cruise in the « Gorgon » or eighteen months on H. M. S. Gorgon, engaged in the suppression of the slave trade on the East Coast of Africa; including a trip up the Zambesi with Dr Livingstone, 8°. L. 1869.

973 **Dutrieux**, D^r. L'Afrique orientale et le bassin du Nil, B S. G. L., III, n° 17, p. 217-252, *carte*.

974 **Dutrieux, Dr.** Y viaggi e i Commerci nell' Africa orientale e centrale. C. n° 11 p. 440-459.

975 **East African** Slave trade. Q. R., 1872, n° 266.

976 **Elton, Capt.** On the coast country of East Africa, South of Zanzibar, *avec* 1 *carte*. I. R G. S. vol. 44, 1874, page 227-252.

977 **Emery, Lt.** Short account of Mombas and the neighbouring coast of Africa. I. R. G. S. 1833. III, p. 280-282.

978 **Erskine, St. V.** Two Journeys in Gaza land, during 1873-75. P. R. G. S., 1878, n° 2, p. 127-136.

979 — — (St-Vincent:) Third and fourth journeys in Gaza, or Southern Mozambique. (J. R. Géogr. S., vol. XLVIII, 1878, p. 25-56.)

980 **Farler, J.-P.** The Usambara Country in East Africa. (P. R. G. S. 1879, n° 2 p. 81-97, *avec carte*.)

981 **Ferrand, G.** Le Comal. 8°, 27 p., *avec carte*. Alger, Fantana, 1884.

982 **Finsch, Dr O, et Dr G. Hartlaub,** Die Vögel Ost-Afrika's. 8°, 900 p. *avec* 11 *planches*.

Pour le recensement voir G. M. P., 1870, p 346.

983 **Fischer, G. A.** Mehr Licht im dunklen Weltteil. 8°, 130 p.

984 — — Das Massai Land (Ost-Aequatorial Africa). Gd. 8°, *avec carte*. Hamburg. Friederichsen, 1885.

985 **Foh, F.** Der Hafen von Brava an der Ostküste von Afrika, *carte*. A. H., 1881, n° 5, p. 272-276.

986 **Forster, Dr.** Die neuesten Forschungen zwischen Uelle und Kongo. D A., 84, LVII, n° 35, p. 681-684, *avec carte*.

987 **Frère,** Sir Bartle — — 's Expedition n. Mascat, Zanzibar, etc., zur Aufhebung des Ost-Afrikanischen Sklavenhandels, 1873. P. R. G. S., 1873. Janv. à Août, J. L. N., Juillet 12 et 19, *avec dessins*.

988 **Froberville, E. de.** Notes sur les Va-Niungue et les Mabeiti, peuples de l'Afrique orientale. B. S. G. P., III, Ser. x, 1848, p. 65-81.

Cette note contient l'itinéraire de la côte depuis Senna au Zambesi et traite de l'Ethnographie des peuplades qui habitent le Sud des bouches du Zambèze.

989 **Froberville, E. de.** Rapport sur les races nègres de l'Afrique orientale au Sud de l'Équateur. C. R. A. S., t. XXX, 1850, n° 22, p. 679-690.

990 **Genin,** Voyage de M. Paul Guyot en Zambésie. B. U. G. N., Douai, 1882, III, n° 20.

991 **Giraud, V.** Les grands lacs de l'Afrique équator. B. L. G. Com. Paris, 1885, VII, p. 394, T. d. m 1886, LI, n° 1304.

992 **Grossmann, B.** Ein Ausflug nach Dar-es-Salaam. Deutsche Kol. Zeit. 1886, III, n° 1, p. 8, *avec carte.*

993 **Guillain, M.** Voyage à la côte orientale d'Afrique, exécuté pendant les années 1846, 47, 48 par le brick « le Ducouédic. » Album, lithographié d'après les épreuves daguerriennes et les dessins de MM. Caraguelet et Bridet. 54 planches avec 1 carte générale du voyage, plan de l'île et des ports de Mombase, 3 mouillages, 3 pl. G. M., publié en 1857, p. 222.

Avec une notice littéraire sur cet ouvrage.

994 — — Documents sur l'histoire, la géographie, le commerce de l'Afrique orientale, comprenant : 1re partie : Exposé critique des diverses notions acquises sur l'Afrique orientale, depuis les temps les plus reculés jusqu'à nos jours. — 2e partie : Relation du voyage d'exploration à la côte orientale d'Afrique, exécuté pendant les années 1846,-47,-48, par le brick « Ducouedic, » t. I, Paris, A. Bertrand, 1856-1857.

995 **Guyot, P.** Voyage au Zambèze. B. S. G. Est., 4e trimestre 1882.

996 — — Sur la véritable situation de l'embouchure du Chiré et sur le canal de communication qui relie cette rivière au fleuve Zambèze. C. R. A. S., 1882, t. XCIV, n° 22.

997 **Handelsarchiv d. Preussischen** Zanzibar' Handels und Schiffahrt in 1863 u. 1864. Z. G. E. B., 1866, I, p. 252.

998 **Hannington, J.** Extracts from the diaries and letters, 8°, 46 p. Haywards Heath, Clarke, 1885.

999 **Hartmann, R.** Ueber Ost-Afrikanische Völkerschaften und Völkerbewegungen. V. G. E. B., 1879, n° 1, p. 42-52.

1000 **Héron, A. M.** G. Revoil et le pays des Çomalis. B. S. Norm. G. Rouen. Juillet, 84 p. 221.

1001 **Hildebrandt, J. M.** Ueber seine Reisen in Ost-Afrika. V. G. f. E. Berlin, 1878, n° 10, p. 284-295.

1002 — — Meine zweite Reise in Ost-Afrika. G. 1878, n° 17, p. 269-271 ; n° 18, p. 279-281, n° 19, p. 296-298.

1003 — — On his Travels in East Africa. P. R. G. S. L., 1878, VI, p. 446-453.

1004 **Hill, C.** Expedition up the River Wami. P. R. G. S. L., juillet, 7. 1873.

Relation d'une excursion de 2 1/2 jours faite de l'Ile de Zanzibar aux bouches du fleuve Wami, qui se trouve à la Côte du Continent.

1005 **Holub, E.** An den Victoria fällen des Zambesi. J. d. V. d. N. I. R. 1881. XII.

1006 **Hyde Parker, Capt.** On the Quilimane and Zambesi Rivers. P. R. G. S. L., n° VIII.

G. M. P., 1837 donnent un aperçu de son journal de voyage, page 441.

1007 **James, F. L.** A journey through the Somali country to the Webbe Shebeyli. Proc. R. G. S. London, 85, VII, n° 10, p. 625, *avec carte*.

1008 **Jeppe, F.** Notes on the Transvaal. Historical Sketch. (Transvaal Book, almanac, etc., 1879.

1009 **Johnson, W.-P.** Seven Years'travels in the region east of Lake Nyassa. P. R.G. S. London, 84, VI, n° 9, p. 512-530, *avec carte*.

1010 — — The people of Eastern Equatorial Africa. Journ. Anthrop. Inst. London. 1885, vol 15, p. 3.

1011 — — British interests in Eastern equatorial Africa. Scott. Geog. Magaz., 1885, I, n° 5, p 145, *avec carte*. Journ. Manchester G. S., I, n° 7, p. 160.

1012 — — The Kilima-Njaro expedition. P. R. G. S., London, 1885, VII, n° 3, p. 137. 8°, 580 p *avec* 6 *cartes*. London, Paul Trench et C°, 1886.

1013 **Jouveaux, E.** Deux ans dans l'Afrique orientale. 8°, 207 p., *avec* 2 *cartes*. Tours, Mame, 1880 et 1882.

1014 **Journael**, Gehouden bij mijn Anthoni Vollenhoven van de heen en weder reise nae 't Eijlandt Mauritius, Madagascar ende de Kust van Africa door order van d'Ed. Heer Commandeur Cornelis van Quaelbergen in de Fluyt West-Wout, 1667-1668.

Manuscrit des Archives hollandaises.

1015 **Kalckreuth, S.-V.** Reise und Erlebnisse in Ost-Afrika. Export. 1880, n° 12, ff.

1016 **Kerten, O.** Ueber Colonisation in Ost-Afrika. I. R., n° 2, Vienne, 1867.

1017 **Kirk, J.** On recent Surveys of the East Coast of Africa. P. R. G. S., London, 1878, VI, p. 453-455.

1018 — — Notes of the gradient of the Zambesi; on the level of Lake Nyassa, on the Murchison Rapids, and on Lake Shirwa, *avec* 1 *carte*. J. R. G. S., vol. XXXV, 1865.

La moyenne barométrique donne les hauteurs suivantes :

Nyassa (lac),	1522	pieds	anglais.
Schirwa »	2000	»	»
Mont Zomba,	7000	»	»
Village Chizunze,	2800	»	»
Bouche du Mokurumadzi,	310	»	»
Au Zambèze			
Sescheke,	2842	»	»
Victoria (chute),	2500	»	»
Bouche du Kafue,	945	»	»
Mont Morambala,	4000	»	»

1019 **Krapf, L.** My late mission tour to the East Coast of Africa. Christian works throughout the world, 1863. London, Office des bons livres, VI, juin 1863, p. 193.

1020 **Krapf, J.-L.** Travels, Researches, and Missionnary Labours, during 18 Years' Residence in Eastern Africa. Boston, Ticknor et Fields, 12, 1860.

1021 **Krapf, L.** Die Völker Ost-Afrika 's. G.M.P., 1858, p. 396-405.

1022 — — Briefe von der Ost-Afrikanischen Küste. D. M. Ges, II, p. 310-311.

1023 — — Reisen in Ost-Africa, ausgeführt in den Jahren 1837-1855, 2 vol. Stuttgart, 1858, *avec carte*.

1024 **Last, J. T.** A Journey into the Nguru country from Mamboïa, East-central-Africa. P. R. G. S. L., 1882, n° 3, p. 148-157, *carte*.

1025 **Last, J. T.** Remarks on East Africa. P. R. G. S., 1885, VII, n° 7, p. 452.

1026 **Lange, H.** Deutsche Forschungsreisen in Ost-Afrika. Geog. Rundschau, 1885, VII, n° 4, p. 145, *avec carte.*

1027 **Lassere, Mgr.** En pays Gallas, M. C., 1886, n° 876, p. 141.

1028 **Ledoulx, Ch.** Explorateurs français et étrangers dans l'Est de l'Afrique, C. R. S. G., Paris, 1884, n° 16, p. 515, *avec carte.* Lyon, M. C., 1884.

1029 **Leigh, A** [illegible] t to the River Zambesi, J. R. G. S. London.

1030 **Lenz, O.** Reise von Okande-land bis zur Mündung des Schebe-Flusses, 8°, 50 p. *avec 2 cartes*, Wien, Zamarski, 1878.

1031 **Le Roy, R. P.** A travers le Zanguebar, 8°, 206 p. *avec carte.* M. C. Lyon, 1884.

1032 **Livingstone, Dr.** Entdeckung des Shirwa-See's. G. M. P., 1859, p. 484.

1033 — — Reise am Zambesi im Jahre 1860. G. M. P., 1861, Heft VI, p. 233.

1034 — — Recent operations of the Zambesi. C. W. T. W., mai 1864

1035 — — Thätigkeit am Sambesi-Fluss. D. A., 1864.

Traduction d'un article du Dr Livingstone, d'avril 1864, à un journal anglais, résumant son voyage au fleuve Zambèze.

1036 — — 's neue Reise in Ost-Afrika, 1866. G. M. P., p. 429.

1037 — — Expedition to the Zambesi. G. M. P., 1866, p. 317.

Donne de curieux détails sur l'esclavage et sur les colons négociants qui le protègent.

1038 — — Exploration du Zambèze, Gd, 8°. Paris. 1881.

1039 **Livinhac, Mgr.** Auprès des grands Lacs. M. C., 1885, XVII, n° 824.

1040 **Le Monnier, Fr. V.** Die neuesten Forschungen in Ost-Aequatorial-Afrika. Mitt. K. K. Geog. Gesellsch. Vienne 1885, XXVIII, n° 3, p. 135.

1041 **Lyons, Mc Leod, J.** Notes on the Zambesi, from Quillimane to Tete, d'après le portugais. P. R. G. S., II, 1858, n° 6.

1042 **Machado, J.-J.** Moçambique. Communição a Sociedade de geog. de Lisboa. 8°, Lisbonne, 1881.

1043 **Malfatti, B.** La spedizione ital. all'Harar. Bull. Sez. Fiorentina Soc. Afr. d'Italia, 1886, II, p. 9.

1044 **Malte Brun.** Résumé historique du voyage d'exploration à la côte orientale d'Afrique, exécuté pendant les années 1846, 1847 et 1848, par le brick « Ducouëdic » sous le commandement du Capitaine Guillain. N. A. V., 1857, II, IV, p. 270-315.

1045 **Maples, Ch.** Masasi and the Rovuma district in East Africa. P. R. G. S. L., 1880, n° 6, p. 337-353.

1046 **Martini, S.** Ricordi di escursioni in Africa dal 1878 al 1881 : diario geogr. e topogr. 8°. p. 386, *avec carte*, Florence, G. Barbèra, 1886.

1047 **May, D.** Sketch survey of the River Rovuma. H. O. L., 1862.

1048 **M'Leod, L.** Travels in Eastern Africa. 8°, London, (Hurst), 1860.

1049 **Mombas,** Note sur l'île de Mombas et Ozi. N. A., 1837, II, p. 386.

1050 **Moraes Sarmento, A.** O Zambese. B. S G. M. I., n° 2, p. 17-28.

1051 — — Memoria acerça da defeza do valle do Zambeze na parte que diz respeito à regiao do litoral. B. S. G., Lisbonne, 1881, II, n° 9.

1052 **Neuestes** aus Ost-Afrika : Zustand des zu Zanzibar gehörigen Gebietes ; Burton's Expedition. Geog. Mitt. Pet. (Notizen) 1858, p. 254.

1053 **Notice sur le** Dr Livingstone, Reise am Zambezi im Jahre 1860. G. M. P., 1861, p. 233.

1054 **Notizen,** D[r]. Livingstone's Fahrt auf dem Rovuma-Fluss in Ost-Afrika in 1861. G. M. P., 1861, p. 355.

1055 **O'Neill, H. E.** Journey from Mozambique to lakes Shirwa and Amaramba. P. R. G. S. London, 1884, VI, n° 11-12 *avec carte.*

1056 — — Major Serpa Pinto's new expedition across Africa from Mozambique. id. n° 12, p. 744

1057 — — Journey from Quilimane to Blantyre. Proc. R. Geog. S London, 1885, VII, n° 10, p. 646.

1058 — — Astronomical observations between Mozambique coast and lake Nyassa. Scott. Geog. Mag , 1885, I, n° 9, p. 428.

1059 **O'Neill, H. E.** Journey from Quelimane to Blantyre, P. R. G. S. London, 1885, VII, nº 10, p. 646.

1060 — — Some remarks upon Nakao (Fernao Veloso Bay) and other ports on the Northern Mozambique coast. P. R. G. S., London, 1885, VII, nº 6, p. 372.

1061 — — Eastern Africa between the Zambesi and Rovuma riders id. nº 7, p. 430, *avec carte.*

1062 — — Schott. Geog. Mag. 1885, I. nº 8, p. 337.

1063 **Potagos** : Dix années de voyage dans l'Asie centrale et l'Afrique équatoriale, t. I., 8º, 416 p. *avec carte*, Paris, Leroux, 1885.

1064 **Peters, W.** Ueber die geographischen Verhältnisse, den Productenreichthum und den noch darniederliegenden Handel von Zanzibar. V. G. E B., 1848, p. 24.

1065 **Price, W.-S.** Notes from East-Africa. C. M. G., août, 1882, nº 104, p. 90-92.

1066 **Rabaud, A**, Zanzibar, la côte orientale d'Afrique et l'Afrique équatoriale. B. S. G. M., 1881, 2 *cartes.*

1067 **Raffray, A.** Afrique orientale ; gr. 8º XII, 396 p. *avec* 1 *carte.* Paris, Plon et Cº, 1876.

1068 — — Afrique orientale : Abyssinie. Un vol. in-18º, *avec cartes et gravures*. Paris, Plon, 1880.

1069 **Ragazzi, V. et P. Antonelli** : Lettere dallo Scioa. Bol. Soc. G. Ital. Rom. 1885, X, nº 8, p. 580-584.

1070 **Reichard**, Reise nach Urua und Katanga. Mitt. Af. Gesell. 1885, IV, nº 5, p. 303, *avec carte.*

1071 **Report** of Dr Livingstone 's Expedition, Beschiffung des unteren Zambesi bis Tete. G. M. P., *Notizen*, 1859, p. 353.

1072 **Revoil, G.** Voyage chez les Bénadirs, les Çomalis et les Bayouns. T. d. Monde, 1885, XLIX, nº 1252.

1073 **Roscher**, Reise zur Erforschung des Ludfidschi, Abreise von Kiloa nach dem Nyassa See, du 6 fév. au 27 août 1859. G. M., 1859, p. 347 et 518 ; 1859, p. 478 ; 1862, p. 1-4.

1074 **Roth, J. Dr.** Beschreibung der zweiten Reihe der von Herrn von der Decken aus der Gegend des Kilimandjaro mitgebrachten Gebirgsarten. Z. F. A. E, nº 126, déc. 1863, p. 543-545.

Avec une esquisse du Kilimandjaro et de la route de Mr v. d. Decken depuis la côte, cartes qui ont été l'objet de la note suivante : « — Bemerkungen zu Herrn C. v. d. Decken s'Karten von Kilimandjaro und den Zwischen demselben und der Küste Zarack gelegenen Konteu, von H. Kiepert. Ibid., p. 545-549. »

1075 **Sà da Bandera, de.** Notes sur le fleuve Zambèze et Chiré et sur quelques lacs de l'Afrique orientale. B. S. G. P., 1862, juin, p. 351-361.

1076 **Saint-Martin, Vivien de.** La côte orientale d'Afrique entre le Cap Delgado et le Cap Gardafui. A. V., 1845, III, p. 269.

1077 **Sarmento, A. M.** Memoria acerça da defeza do valle do Zambèze na parte que diz respeito à regiao do litoral. B. S. G. Mexique, 1881, nº 5, p. 97-111. (Voir nº 1051 de l'ouvrage.)

1078 **Selous, F. C.** Recent explorations in Mashuna Land. P. R. G. S. L., 1881, nº 6, p. 352-358.

1079 **Silva, da.** Observaçoes sobre as bocas do Zambeze. B. e A. d. C. U., Lisboa, 1862, déc., nº 103.

1080 — — O Zambeze. B. S. G. Mexique, I, nº 3. (Voir nº 1049.)

1081 **Smée, T.** Observations during a voyage of Research on the East Coast of Africa (du Cap Guardafui sud à l'Ile de Zanzibar), 1811.

1082 **Soleillet, P.** Explorations Ethiopiennes. Itinéraire d'Ankober à Aureillo. — Obock Choa. — Notes sur les Galas de Galane. B. S. Norm. G. Rouen, sept. 1884 ; nov., id., p. 349 ; id., id., p. 389.

1083 — — Obock et l'Ethiopie méridionale. B. S. G. Lyon, 1884, V, nº 6, p. 271.

1084 — — Voyage à Obock, au Choa et au Kaffa. B. S. G. Tours, déc. 1884, nº 297.

1085 — — Explorations Ethiopiennes, itinéraire d'Ankober au Kaffa. B. S. G. Norm. Rouen, 1885, mai.

1086 **Southon, E. J.** Notes of a Journey through Northern Ugogo in East Central Africa in July and Aug. 1879, *avec carte*. P. R. G. S. L., 1881, nº 9, p. 547-553.

1087 **Sulivan, G. L.** Dhow chasing in Zanzibar waters and on the Eastern coast of Africa. 8º, 464 p. *avec* 1 *carte* et illust. London, 1873.

Narration d'expériences faites pendant cinq ans pour supprimer la traite des esclaves.

1088 **Sykes, W. H.** Notes on the possessions of the Imam of Mascat, on the Climate and production of Zanzibar, and on the prospects of African discovery from Mombas. J. R. G. S. L. XXIII, 1853, p. 101-119.

1089 **Thomson, J.** Altitudes in East Central Africa between Pungwe and Makalumbi, compiled by Lieut[t] S. S. Sugden. J. R. G. S. L., p. 268-275.

1090 — — Journey of the Society's East-African expedition, P. R. G. S. L., 1880, n° 12, p. 721-742, *avec carte*.

1091 — — Notes on the basin of the river Rovuma, *carte*. (Sud-Est) P. R. G. S. L., 1882, n° 2, p. 65-79.

1092 — — Through the Masai Country to Victoria Nyanza. P. R. G. S. London, 84, VI, n° 12, p. 690.

1093 — — Through Masai Land. A Journey of exploration among the snowclad volcanic mountain and strange tribes of Eastern Equatorial Africa, 8°, *avec carte*, London, Sampson Low, 1885.

1094 — — Durch Massai-Land, g[d] 8°, *avec* 2 *cartes*, Leipzig. Brockhaus, 1885.

1095 * * * Uebersicht der Literatur von Ost-Africa und den Ost-Afrikanischen Inseln und Appendices geographischen Inhalts, Notizen aus dem nachgelassenen Papieren A. Roscher's und C. v. d. Decken's, sowie nautische Bemerkungen über die West-Küste von gross'Comora von Capitän Bigrel. Leipzig et Heidelberg, 1879 ; in-8°, O. R. B., n° 533 g.

1096 **Vattemare, H.** David Livingstone. Voyages d'exploration au Zambèze et dans l'Afrique centrale (1840-1873). 8°, 190 p., *avec carte*, Paris, Hachette, 1879.

1097 **Vidal, O. E.** The prospects of the East-African mission; une lettre au Rev. A. Venn. L., 1880, 8°.

1098 **Vivien St-Martin, (Afrique)**. Seconde expédition du Cap. Speke avec le Cap. Grant depuis 1860. Dispositions, dernières nouvelles. A. G., t. I, p. 50.

Partis de Zanzibar au mois d'octobre 1860, ils suivirent la même route qu'en 1857 ; ils arrivèrent le 12 décembre à Khoko, à 400 milles anglais de la côte et à mi-chemin du lac Nyanza. A la date du 30 sept. 1861 il s'en fallait encore de cinq à six journées qu'ils eussent atteint le lac; ils ne purent y atteindre et durent retourner, par suite de circonstances imprévues, à la côte orientale.

1099 **Wauters, A. L.** Le Zambèse, *avec* 1 *carte*. B. S. Belge G., n° 1, p. 9-34; n° 2, p. 114-139.

1100 — — Le Zambèze (suite). B. S. Belge G., 1878, n° 4, p 383-406; n° 6, p. 587-656.

1101 **Wakefield, Th.** Neuigkeiten aus Ost-Afrika. D. A., 1864, n° 31, p. 740-741.

1102 **Wray, J.-A., et J.-W. Handford**, The Taita mission. Church. miss. Intell. 1884, IV, n° 106, p. 641-646.

1103 **Wright, Rev. S.** Annals of Blantijre. 8°, London, Mac Cormick, 1885.

1104 **Zambesi-Fluss**, Traurige Nachrichten vom — — (Calver Missionsblatt, April 1861.

1105 **Zanzibar**, Sketch of — — and the slave trade. N. M., 1871, p. 862; 1872, p. 598-603.

1106 — — *avec* 1 *carte*. G. M. P., juillet 1875, p. 208-209.

1107 — — L'Ile, sa nature, climat, description des côtes *avec* 1 *carte*. A. H. M. M., 1875, n° 13, 14, 15, 16.

1108 — — Port de Zanzibar et ses approches. Dépôt Marine, Paris, n° 3712, 1879.

1109 — — Ile et chenaux de — — Dépôt Marine, Paris, n° 3702, 1879.

1110 **Zöppritz, K.** Dr Kaisers Höhenmessungen zwischen Zanzibar und Cakoma. Mitth. O. A. K., Gesellsch., 1883, IV, n° 1, p. 10-15.

Sud-Est.

Le Bambara; — Le Bazuto; — Le Bechuanas; — Bloemfontein; — Cafrerie; — La baie Delagoa; — Makalaka; — Matebele; — Mozambique; — Natal-Oranje; — Quelimane; — Ruovuma Venna; — Segou; — Transvaal; — Umsila; — Zoulou. —

1111 **Afrique, Côte.** De l'île Mafia au cap Delgado, n° 3810. Paris, Challamel, 1880-1881.

1112 **Afrika, Ost-Küste.** Die Hafen Ibo, Zanzibar, Mozambique, Delagoabay, Quilimane und Macusa an der — — A. H., 1879, n° 9, p. 460-468.

1113 **Afrika, Oostkust.** Kaarten van de oostkust van Afrika (voir Veth et Kan « Bibliografie » p. 70, f°.)

Manuscrit des Archives Néerlandaises.

1114 **Afrique, Côtes Est.** Cartes, côtes E. d'Afrique. De l'Ile Pemba à l'Ile Mafia, comprenant l'Ile de Zanzibar, ses chenaux et ses atterrages, n° 3713. Paris, Challamel, 1880 et 1881.

1115 **Bleek, Dr.** Vocabularies of the Dialects of Mozambique, 8°, 1856.

1116 — — Researches into the relations between the Hottentot and Kafir Races. C. M. M., 1857.

1117 **Bowdich, T. E.** Die Entdeckungen der Portugiesen im Innern von Afrika zwischen Angola und Mosambique. Hertha, I, 1825, p. 165, II, p. 61, III, p. 540.

1118 **Chavanne, J.** Die Zulu-Kaffern und ihr Land (G. R. I, ur, 7. p. 399-344, *avec carte.*)

1119 **Croonenberghs, Ch.** Les missionnaires chez le Roi Umsila. M. C., 1881, nº 619, p. 169-171.

1120 **Decken, C. v. d.** Brief an H. Dr Barth über seine Reise zum Kilimandjaro und dessen wahren Charakter. Zeitsch. f. allg. Erdk, 1862, p. 72-81.

1121 **Deckens, v. d. et Kersten**, Reizen naar den Kilimandjaro, 1862, nº 686, xiv, 1882, Geog. Mitt., p. 99.

1122 **Deltour, B. P.** La mission Catholique au Basutoland. M. C., p. 349-352.

1123 **Depelchin et Croonenberghs**, Trois ans dans l'Afrique australe. Le pays des Matabélès (Cafrerie). Bruxelles, 1882, 1 v. in-8º. B. R. B., nº 39766.

1124 **Deppe, A.** L'Afrique australe et l'expédition anglaise contre les Zoulous. 8º, 55 p. *avec carte*, Bruxelles, Muquardt, 1879.

1125 **Drayson, A.-W.** Among the Zulus; the adventures of Hans Sterk, South African Hunter Pioneer. London, Griffith, 1879.

1126 **Duprat**, The trade of Mozambique, Markham's ocean Highways. Déc. 1872, p. 286.

Sur le commerce et les productions des Portugais. Comptoir du Sud-Est d'Afrique.

1127 **Duran, A.** Cercos de Mozambique, defendidos por D. Estevan de Atajde. Madrid, 1633.

1128 **Ehrmann.** Gesch. der Reisen nach d. Hottentottenland, 5 Thle. (A. G. 15-19 Bd.) Irkf. 1797. H.W. Schmidt in Halle, 1878.

1129 **Frédoux, F.** Quelques mots sur les Béchuanas, Cafrerie Inférieure. B. S. G. P., nov. 1858.

1130 **Froberville, E. de.** Note sur les Va-Ngindo. B. S. G. P., 1852, p. 425-443.

1131 **Gallieni, Commodore.** Mission dans le Haut Segou et à Segou. B. S. G. P., 1882, III, nº 4, *avec carte*.

1132 **Gebelin**, Traversée de l'Afrique de Mozamedès à Quilimane. B. S. G. C. Bordeaux, 1885, nº 20, p. 589.

1133 **Hahn, Th.** The Graves of Heitsi-Eibib. A. Chapter on the Prehistory of the Hottentot Race. C. M. M., 1879, nº 97, p. 257-265.

1134 **Horsey, de F. R.** The African Pilot for the South and East-Coasts of Africa, including the Islands in the Mozambique Channel, L. 1864, 8°.

1135 **Kersten, O.** Briefliche Mittheilung über seine Besteigung des Kilimandjaro in der Gesellschaft des Herrn v. d. Decken. Z. f. A. E. N. F., xv, 1863, p. 141-152. G. M., p. 99, 1863.

1136 **Lakeman, S.** What I saw in Kaffir Land, 8°, 216 p. London. Blackwoods, 1880.

1137 **Lichtenstein, H.** Reisen im Südlich Africa, 1803-1806, 2 vol. Berlin, 1811-1812. H. W. Schmidt, Halle, 1878.

Le crâne des Cafres présente, comme celui des Européens,(dit Lichtenstein dans ses ouvrages) une voûte élevée, leur nez loin d'être déprimé, s'approche de la forme arquée; ils ont la lèvre épaisse du nègre et les pommettes saillantes du Hottentot; leur chevelure crépue est moins laineuse que celle du nègre; leur barbe, plus forte que celle du Hottentot. Ils sont en général grands et bien faits, la couleur de leur peau est gris noirâtre,ils se peignent le corps et le visage d'ocre réduit en poudre et delayé dans l'eau en y ajoutant le suc de quelques plantes odoriférantes. Ils font leurs vêtements de peaux de bœufs et ornent leurs bras et leurs jambes d'anneaux d'ivoire et de métal. Les Cafres ont plus d'intelligence que les Hottentots; ils sont aussi plus courageux et actifs. (Traduction de l'auteur.)

1138 **Loarer,** Commerce du Mozambique. Revue de l'Orient, x, 1851, p. 1.

1139 **Mage,** Note sur le voyage au pays de Segou, G. M. P., 1867, p. 156.

1140 **Mann, J. R.** The Colony of Natal. London, s. d., (1859), 1 v. in-8°, B. R. B., n° 38767.

1141 **Mason, G. H.** Life with the Zulus of Natal. London, Longmans, 1855.

1142 **Merensky, A.** Esquisse géographique du Sud-Est de l'Afrique. B. S. B. G., 1878, n° 5, p. 439-472.

1143 **Mocquet, Jean.** Voyages en Afrique, Asie, Indes orientales et occidentales. Rouen, 1645.

Mocquet se trouvait en 1603 à la côte de Mozambique,où il était prisonnier des Portugais.

1144 **Mozambique.** Di Benigno (Begnino), M.

« Lettera a Francesco Affaitati scritta da Mozambico il 3 aprile 1503. » Manuscrit à la bibliothèque St-Marc à Venise. Donne beaucoup de dates. Benigno avait accompagné Vasco da Gama lors de son second voyage.

1145 **Mozambique.** Note géographique et commerciale. Revue de l'Orient, 1850, VII, p. 172.

1146 — — Productos de — — Bol. e. anneas do conselho Ultramarnio, 1862, n° 95. Lisbonne, n° 120.

1147 — — And its adjoining parts. Nautical Magazine, 1840, p. 217.

1148 **Neves, F. Das**: A Hunting Expedition to the Transvaal. Translated from the Portug. 8°, 276 p., London, Bell, 1879.

1149 **O'Neill, H. E.** Astronomical observations between Mozambique and Lake Nyassa. Schott. Geog Magaz., 1885, I, n° 9, p. 428

1150 **Prior**, Relation inédit d'un voyage à Mozambique, aux Iles Comores et à Quiloa. Journal des voyages, 1820, VI, p. 167 et 307.

1151 **Raddatz, H. Dr.** Das Kafferland des Untern Olifant. G. M. P., 1886, II, p. 52 55.

1152 **Rose, G.** Beschreibung der von Herrn v. d. Decken gesammelten Gebirgsarten aus Ost-Afrika, grösstentheils vom Fusse des Kilimandjaro. Z. f. A. E. XIV, 1863, p. 245-250.

1153 **Roth, J.** Beschreibung der zweiten Reihe der von H. v. d. Decken aus der Gegend des Kilimandjaro mitgebrachten Gebirgsarten. Zeits. f. Allg. Erdk. XV, 1863, p. 543-545.

1154 **Rouire, Dr.** Les Betchouanas (Cafreries.) Drapeyron, R. G., sept. 1881.

1155 **Sampson, V.** Kafir Wars, their origin and History. T. C. a. J., 1879, p 338-345.

1156 **Schultheiss**, Die Bewohner der Ost-Küste von Süd-Afrika. Ein Vortrag. Berlin, 1854, gr. 8°.

1157 **Soubeiran, J. L.** Le Natal, le Transvaal. B. S. G. du Languedoc, 1879, n° 1, p. 73-101, 1 *carte*.

1158 **Thornton, R.** Notice on a Journey to Kilimandjaro made in Company of the Baron v. d. Decken. J. of the Royal Geog. Soc. vol. XXXV, 1865, p. 15.

Notice sur le carnet de voyage de feu le Géologue Thornton.

1159 — — Expedition to Kilimandjaro. Proc. of the R. Geog. Soc. of London, vol. VI, n° 2, p. 47 und 50.

Une notice sur ce sujet se trouve dans le «Geogr. Mitth.,» p. 198.

1160 **Tromp, Th. M.** Herinneringen uit Zuid-Afrika ten tijde der annexatie van de Transvaal, 8°, 377 p. *avec carte.*

1161 — — De stam der Ama-Zoeloe, 8°, 113 p., Leiden, Brill, 1879.

1162 **Vignon**, Le royaume de Segou et les Bambara. (Sud-Est) *avec* 1 *carte*. Nouv. ann. des voyages, nov. 1858.

Afrique australe.

Pays du Cap de Bonne-Espérance.

1163 **Baillie, A. C.** Report on the general features of the interior of South Africa between Barkly and Gubuluwayo, *avec carte*. J. R. G. S. L., vol., XLVIII, 1878, p. 287-293.

1164 **Ballantyne, R. M.** Six Months at the Cape. 8°, 242 p. London. Nisbett, 1879.

1165 **Barrow**, Nouveau voyage dans la partie méridionale de l'Afrique. Paris, 1806 ; 2 vol. in-8°, *avec cartes*. Bruxelles, Lamertin.

1166 — — Reisen i. d. Innere von Süd-Afrika, in d. J. 1797, *avec carte*. Leipzig, 1801. H. W. Schmidt, Halle, 1878.

1167 **Blerzy, H.** Les colonies de l'Afrique australe. R. d. D. M., 1878, 15 janv.

1168 **Büttner, C. G.** Die Entwickelung des Handels mit dem freien Westen von Süd-Afrika. Export, 1882, n° 19.

1169 **Campbell, J.** Reisen in Süd-Africa, *avec carte*, in 5 kpfrst. Nüremberg, 1816. H. W. Schmidt Halle, 1878.

1170 — — Zwei Reisen in Süd-Africa. Leipzig, 1829. H W. Schmidt, Halle, 1878

1171 **Carlyle, J. E.** South Africa and the mission fields. 8°, 330 p. London, Nisbet, 1878.

1172 **Cunynghame, A. Th.** My Command in South Africa, 1874-1878, 8°, 390 p., *avec* 3 *cartes*. London, Macmillian, 1879.

1173 **Delgeur, L.** L'Afrique australe et les Portugais. B. S. G. A., 1882, VII, n° 1, p. 42.

1174 **Drohojowska**, Premier voyage de F. Levaillant dans l'intérieur de l'Afrique par le Cap de Bonne Espérance, 8°, 308 p. Limoges, Barbou, 1880.

1175 **Durand, Abbé.** Voyage du P. Duparquet dans l'Afrique australe, d'après ses lettres. B. S. G. P., août, 1879.

1176 — — Les récentes annexions anglaises dans l'Afrique australe, R. d. F., 15 fév. 1880.

1177 **Ehrmann**, Die Südküste v. Afrika, v. Albert, Gotha, 1815. H. W. Schmidt in Halle, 1878.

1178 **Erskine, St. V. W.** Journey of exploration to the Mouth of the river Limpopo, *avec* 1 *carte*. J. R. G. S. L., vol. XXXIV, 1869.

Les bouches du Limpopo se trouvent par 25° 15' lat. S. et 33° 42' long. Est de Greenwich

1179 **Fanson, B. de.** L'Afrique méridionale. B. S. B. G., 1881, n° 2, p. 165-204.

1180 **Gotz**, Untersuchungen einer Gesteinsuite aus der Gegend von Marabastad im nördl. Transvaal. Neues Jahrb. f. Mineralogie, etc. Stuttgart, 1885, avec pièces, vol. IV, p. 110.

1181 **Holub, E.** Eine Culturskizze des Marutse-Mambunda-Reiches, 8°, K. K. G. G. Vienne, Zamarski, 1879

1182 **Horsey, de.** Africa South, south east and east coast, from Cape of Good Hope to Cape Guardafui, including the Islands in the Mozambique, Charnell. London, Hydrogr. office, 1864.

1183 **Jacobs, Alp.** Les voyages d'exploration en Afrique. — II. L'Afrique australe et les nouvelles routes du Soudan R. D. M., 1 août 1878.

1184 **Lacaille, N. L. de.** Cœlum australe stelliferum seu observationes ad constructidum stellarum australium, catalogum institutae, in Africa and caput Bonae spei. Paris, 1763, 4°, B. R. B.

1185 **Latrobe**, Reise nach Süd-Afrika, 1815. 16°, Halle, 1820; H. W. Schmidt in Halle, 1878.

1186 **Layard, E. L.** Birds of South Africa at the 28 parall. Afr.-Sud., 8°, Cape Town. 1867.

1187 **Levaillant**, Voyages dans l'Intérieur de l'Afrique par le Cap de Bonne Espérance, Paris, 1790; 5 vol. in-8°, *avec cartes*, 9 *planches*, Bruxelles, H. Lamertin.

1188 **Livingstone**, Exploration dans l'intérieur de l'Afrique australe, voyage au travers du continent de St Paul de Loanda à l'embouchure du Zambèze, de 1840 à 1856. Traduit de l'anglais par Mme Loreau. Paris, Hachette, 8°, 1858.

1189 **Livingstone**, Reisen in Süd Afrika, 1841 bis. 1856. G. M. P., 1857, p 91-108.

1190 — — Einiges über Süd-Afrika. P. R. G. S., VIIe vol.

1191 **Magyar, L.** Reisen in Süd Afrika in den Jahren 1849 bis 1857, mit einer Karte und 8 lithographirten Tafeln. Pesth. F. Eggenberger, 1859.

1192 **Malte Brun, V.-A.** Résumé historique des explorations faites dans l'Afrique australe de 1849-1856 par le Rev. Dr D. Livingstone, *avec carte*. Paris, A. Bertrand, 1857.

1193 — — Carte itinéraire des explorations faites de 1849 à 1856 dans l'Afrique australe par le R. Dr Livingtone, d'après l'esquisse des missionnaires de Londres, n° 3 et n° 4. G. M. P., 1857, p. 275 (Litteratur.)

1194 **Mauch's, K.** Dritte Reise im Innern von Afrika, 8 mai au 18 octob. 1868. G. M. P., 1869, p. 154 et 188.

Parti de Potchefstroom à Pretoria et Nylstroom à Botsabelo et Lijndenburg.

1195 **Montégut, E.** Les Colonies de l'Afrique australe, d'après les récents voyageurs anglais. R. D. M., 1879, t. 34, n° 1.

1196 **Nees ab Esenbeck, C.** Agrostographia Capensis, Halle, 1853; H. W. Schmidt in Halle, 1878.

1197 **Neuling**, D^r. Fr Chr. Rutenberg's Reisen in Süd-Afrika und Madagaskar. G. 1879, Bd. XXXV, n° 19, p. 299-304, 1 *carte*.

1198 **Noble, J.** South Africa; Past and Present. 8°, 360 p., Cape Town, 1878.

1199 — — Official Handbook of the Cape and South-Africa, 12°, 1 *carte*. London, Longmans, 1878.

1200 **Noble, J.** British South-Africa. Suppl. to c. a. I. 22 fév. et 1 mars 1879.

1201 **Nogueira, A.-F.** Os banhaneca a os bankumbi (Afrika Australe) a proposito do livro de Sir J. Lubbock. « As origens da Civilisoçao. » B. S. G. L. 1877, n° 2, p. 78-86.

1202 **Ornithologic. Papers.** Cape of Good Hope Association for exploring central Africa.

1203 **Parmentin, E.** Scènes de voyage, l'Afrique australe, 12°, 180 p. Limoges, Ardent, 1878.

1204 **Pietersz. de Vries,** Journael van verscheyde voyagien in Europa, Asia, Africa, ende America. Hoorn, 1655.

1205 **Ribeiro, M. F.** As Conferencias e o Itinerario do Viajante Serpa Pinto a travez das terras da Africa austral, 8°, 901, p. *avec* 2 *cartes*. Lisbonne, 1880.

1206 **St-Martin, V. de.** Le rôle de l'Allemagne dans les modernes explorations du Globe. — L'Afrique australe, vue générale des explorations du continent Africain. — Livingstone et ses découvertes. — Lichtenstein, Peters, Bleek, Krapf et Rebmann. — L'Ethnologie Africaine et sa place nouvelle dans la science. Revue germanique, fév. 1859.

1207 **Schüssler,** Zuid-Afrika, *avec carte*. Amsterdam, Van Kampen, 1878.

1208 **Serpa Pinto,** Voyage de — — dans l'Afrique australe. J. o., 1879, n° 178 ; N., 1879, n° 505.

1209 **Shaw, J.** The Geography of South Africa, 8°, 100 p. London, Collins, 1878.

1210 **Smith, J. L.** Description d'une masse de fer météorique dont on a observé la chute dans le Sud de l'Afrique. Paris, 4°, A. R. B.

1211 **Trollope, A.** South Africa, 2 vol. 8°, 700 p. London, Chapman and Hall, 1878.

Afrique du Sud-Ouest.

Le Namaqua; — Le Damara; — Lac Ngami.

1212 **Andersson, Ch. J.** Reisen in Südwest-Afrika bis zum See Ngami, 1850 à 1854. Leipzig, H. Costenoble, 1858.

1213 — — Reisen in Süd-West Afrika bis zum See Ngami in den Jahren 1850-54. A. d. Schwed, v. Lotze, 2 Bde. m. 8 Stahlst., zahlr. Hlzschn. u. Karte. Leipzig, gr. 8°, 1857; H. W. Schmidt, Halle, 1878.

1214 **Duparquet, P.** Le Damaraland (Afr. occ. Sud Ouest entre le Cap Frio et la Baie Walfisch.) B. S. G. P., nov. 1880, p. 459 462.

1215 **Hahn, J.** Die Ovaherero, 2 Abt.

Ce pays se trouve au pied du Mont Omatako, 8800 pieds, s'appelle aussi Damaras entre le 16° lat. et le 15.9 long. aust.

1216 **Krapf, Dr.** Kurze Beschreibung der Masai-und Wakuafi-Stämme im Süd-Oestlichen Afrika. A. n° 19.20.

1217 **Notizen.** Nachrichten von dem Elephanten-Jäger Fr. Green und Vorgänge im Ovambo-Land in Süd-West Afrika. G M.P., 1861, p. 356.

Le Cubango forme la riv. Ovambo, qui se jette dans le lac Etosa.

Cap Frio ; — Cunène, riv.

1218 **Andersson**, Reise nach dem Cunine. Geog. Mitt. Pet., 1860, p. 116.

1219 **Cunène**, Der — — Fluss erreicht von Andersson. Geog. Mitt. Litt., 1859, p. 354.

1220 **Green**, Der Cunene-Strom. Geog. Mitt. 1867, p. 8.

Cet article comprend des notes sur les habitants, la chasse aux éléphants, le fleuve Cunène et les animaux sauvages que l'on trouve sur ses bords.

1221 **Lima, A. de** : Nova exploraçao à foz do Cunene. B. S. G. Lisbonne, 1880, nº 1, p. 7-18

1222 **Nogueira, A.-F.** Le Rio Cunene. B. S. G. P., 1878, janv. p. 72-79; 1879, mars, p. 259-268.

1223 *** Reise der Missionare Hahn und Rath zu dem Cunene-Fluss. Geog. Mitt. Pet., 1858, p. 42.

Benguela.

Quioco ; — Caram Jamba ; — Jacca ; — Mosambo ; — Novo Redouta.

1224 **Capello, H. Ivens, R.** De Benguella as terras de Jacca, 1877-1880 8º, 2 vol, *cartes*. Lisbonne, 1881.

1225 **Cordeiro, L.** Viagens exploracœs e conquistas dos Portuguezas. Lisbonne, 1881.

Collecção de documentos :
1574-1620. Da mina ao cabo negro se gimdo Branco, 8º, 33 p.
1593-1631. Terrase minas Africanas Segundo B. R. de Aragao, 8º, 24 p.
1617-1622. Benguela e seu Sertao, 8º, 22 p.

1226 — — 1617-1622 Benguella e seu Sertao. 8º, 22 p. Lisbonne, 1881.

1227 **Fennesi, G.** Da Benguella al Cassange, esplororazione di E. Capello e R. Ivens. B. S. G. Italienne-Rome, 1882, nº 2 et 3, *avec carte.*

1228 **Oberhest, Luc.** Unter den Bangelas in West-Africa. (Globus, Bl. 35, nº 12.)

1229 **Schütt, O.** Im Reich der Bangala. D. A., 1881, nº 20, p. 381-384.

1230 **Wawra, H.** Notice sur la ville Benguela à la côte ouest de l'Afrique. Geog. Mitt., 1861, p. 149.

C'est une description du voyage du Dr Wawra en 1857 à bord de la frégate autrichiennne « Carolina » à la côte occid[le] d'Afrique. Voir Geog. Mitt., 1859, p. 409, § 3, écrit dans le « Sitzungsberichten der Wiener Akademie. »

Guinée du Sud.

Loanda; — Angola.

1231 **Afbeeldingh** ende verhael van de heerlyke Victory van Corn. Jol, gen. Houtebeen. 's Gravenhage, 1642.

Parle des conquêtes de St-Paolo do Loando par les Hollandais. Cette victoire avait une grande importance pour la navigation sur les côtes de l'Afrique.

1232 **Angola**, Le pays d' — — . R. S., 23 sept. 1876.

1233 **Angola**. The strange adventures of Andreno Bassel of Leigh, in Essex, sent by the Portuguese prisoner to Angola, who lived there and in the adjoining regions near eighteen years, 1859, Purchao Pilgrims, II, I, and Pinkerton, collection of voyages and travels, XVI, 317.

1234 **Barth, H** Angola Fahrt. D. A., 1876., nº 26, p. 501-505; nº 29, p. 561-564; nº 36, p. 702-705; nº 47, p. 921-925; nº 48, p. 944-948; nº 50, p. 985-988.

1235 **Bulhoès, E. L.** Les colonies Portugaises, court exposé de leur situation actuelle, 8º, 136 p. Lisbonne, 1878.

1236 **Broeck, P. van den.** Korte Historiael ende Journaelsche aenteykeningh van al 't gheen merckwaerdigs voorgefallen is in de langueduerighe Reisen, soo nae Cabo Verde, Angola, etc., als insonderheit van Oost Indien. (Haarlem, 1634.)

1237 **Castilhon, L.** Zingha, reine d'Angola, histoire Africaine, suivie de recherches et d'observations. Bouillon, 1770, 2 t. en 1 v. in 12.

1238 **Cooley, W. D.** Dr Livingston's Reise vom Fluss Liambey nach Loanda, 1853 et 1854. G. M. P., 1855, p. 311.

1239 **D'Atri, Marcell.** « Giornate apostoliche fatte da un frate M. D. cappucino nelle missioni d'Angola e Congo, » 1703.

Le manuscrit est au couvent des capucins à Lanziano en Italie, où l'auteur l'a consulté.

1240 **Dias, P.** Arte da lingoa de Angola, Lisboa, 1697.

1241 **Die Pedras Negras von Pungo.** Andongo in Angola, nach Dr Welwitsch. Geog. Mitt., 1868, p. 260.

1242 **Fortunatus**, Historia do missionibus Angola, Congi et aliorum regnorum Africae et Indiarum cum moribus illarum regionum, Bononiae, 1687.

1243 **Francisco de Andrade Leitam**, Discurso politico sobre se aver de largar a corôa de Portugal, Angola, Lisboa, 1643.

1244 **Franco, Ant. L.**, Synopis annalium societatis Jesu in Lusitania. 1620.

Contient des notes sur les projets de voyage des missionnaires à Angola.

1245 **Gomes, B. A.** Una viagem scientifica em Angola. B. A. C. U., juillet 1863.

Notes botaniques.

1246 * * * Handels-Verhältnisse von Ambriz an der West-Küste von Afrika. Pr. Hand. Archiv. n° 8.

1247 **Hulsius**, Recueil de rapports de voyages. XIX, Bonsa, Loango, Angola, etc. Franckfort, 1626.

Décrit les cinq voyages de Sam. Branus en Afrique et les provinces Congo.

1248 **Huijghen van Linschoten**, Reysgheschrift van de navigatie der Portugaleysers in Orienten. Amsterdam, 1595.

Met noch de navigatie van de Cabo de Lopo Gonfalues naer Angola See, aen de Custe van Aethiopien, etc.

1249 **Kaiser, W.** Die Portugiesische Expedition nach dem Quango. G. R., III, nº 2, p. 42-54.

1250 **Livingstone, Dr.** Reise vom Fluss Liambey nach Loando. 1853-1854.

1251 **Loanda**, Eine Reise von — — ins Innere von Afrika. Das Ausland, 1873, nº 16, 17.

Excursion dans la province d'Angola de Loanda à Golungo Alto et vers le nord au Lumbije.

1252 **Lux, A. E.** Von Loanda nach Kimbundu, 1875-1876. 8º, Wien, Hölzel, 1879.

1253 **Maria, A.** Gentes Angolae fider mysterus instructae. Romae, 1661.

1254 **Mechow, V.** Die Quango-Expedition. M. d. A. G., II, nº 3, p. 155-156.

1255 **Monteiro**, On the Quissama Tribe of Angola. J. A. J. G. B. J., vol. 5, nº 2, oct. 1875.

1256 **Paskaert van Zee.-Custen** van Angola en Cimbelas, van Rivier de Galion tot C. de Bona Esperança. Amsterdam, 1659, *avec cartes*, la côte du Cap de Bonne-Espérance.

1257 **Pennesi, G. J.** Missionari viaggiatori italiani nella Bassa Guinea durante la seconda meta del secolo XVII, *avec carte*. B. S. G. S., 1881, nº 6, p. 445 475.

1258 **Portegysen.** Der goeden buyrman. Ghetrocken uyt de Registers van syn Gebuerschaps gehouden in Lisbona, Maringan, Caep Sint-Augustijn, Sint Poulo de Loado, en Sant-Tomée, etc. 1649-1650.

1259 **Portuguese Possessions.** Notes on the — — on SW. and SE. Coast of Africa. The Colonies, 1876. CCXVIII, p. 205-207; CCXXI, p. 244-245.

1260 **Rebello, A.** Capitulos tirados das cartas que Vieram este anno 1588 dos padras de Comp. de Jesus que andam nos partes de India, China, Japoa e reino de Angola. Lisboa, 1558.

1261 **Salles, Ferreira, F. de.** Agricoltura, industria, commercia e miniere nell' Angola S. P. d. C. G. A., Mars, 1881.

1262 **Schütt**, Die Schütt'sche Expedition. (Mitth. d. Afrik. Ges. 1879, nº 1, p. 21-23 ; nº 2, p. 61-67 ; nº 3, p. 110-111.)

1263 **Stanley**, Mittheilungen aus Loanda. D. T., 12 nov. 1876.

Donne les positions de :

Nyangwe à Livingstone,	4° 10' — Lat. S.,	26° 5'	Long. E. de Gr.,		
» » Camerm,	4° 11' —	»	26° 31'	»	»
» » Stanley,	4° 15' 45	»	26° 5'	»	»

Loango ou Guinée méridionale.

1264 **Bastian, A.** Die Loango-Küste (Zeitschrift der Gesellschaft für Erdkunde zu Berlin, VIII, 1873, Heft 2, p. 125-140.)

1265 **Danckelman, A. v.** Die meteorologischen Beobachtungen derschen Güssfeldt, Loango-Expedition, 4°, 83 p. Leipsig, Frohberg, 1879.

1266 **Delaporte, Abbé.** Le voyageur Français ou la connaissance de l'ancien et du nouveau monde. Description d'Angola, Congo et Loango. Paris, 1771, B. XIV, 96-276.

1267 **Falkenstein, Dr.** Album Africain. La côte de Loango en 72 photographies originales, avec texte. Berlin, Stiehm, 1877.

1268 **Güssfeldt, P. J. Falkenstein, E. Pechuel Lösche,** Die Loango-Expedition, 2 Abth., 8°, Leipzig, Frohberg, 1879.

1269 — — Zur Kenntniss der Loango-Neger. Zeitsch. für Erdkunde, 1876, Heft III, p. 203-216.

1270 — — Die Loango-Küste. Deutsche Rundschau, 1874, n° 4.

1271 **Güssfeldt, Dr.** Zur Kenntniss des Loango-Flusses. Corresp. blatt der Afrik. Gesells. 1874, n° 9, p. 160-169.

1272 **Hagben, Jan.** Beschryvinge van de Custe van Guinea, Manicongo, Angola, Monomotapa. Amsterdam, 1644.

1273 **Linschoten, J.-H. Van.** Beschryvinghe van de gantsche custe van Guinea, Manicongo, Angola, et Midtsgaders de voorderstryvinge op de caerte van Madagascar, anderst t. Eylandt S. Laurens ghenoemt, als oock de ghelegentheyt van 't vaste land van de Cabo de Bona Esperança, langhs Monomotapa, Zefala, tot Mossambique toe, ende soo voorby Quioloa, Gorgo, Melinde Amara, Baru Doara, etc., tot die Roo zee toe, etc. T. Amstelredam, 1596.

Broeke (Paludanus) donna encore beaucoup d'observations sur l'Egypte, Loango et Congo.

1274 **Loango,** Etat commercial de la Côte du — et du Congo entre Coma et Ambriz. M. C., 5, 12, 19 mars 1875.

1275 **Pechuël-Loesche, E.** Die Loango Expedition III, Abt 1 Hälfte, 8°, 304 p. *avec carte*, Leipzig, Frohberg. 1882.

1276 — — Indiscretes aus Loango. Zeitschrift für Ethnologie, 1878, t. I, p. 17-32.

1277 — — Aus dem Leben der Loango-Neger, Globus, t. XXXII, 1877, n° 1, p. 10-14.

1278 — — Handel und Producte der Loango-Küste, *avec carte*. Geogr. Nachrichten, n° 6, p. 273-336.

1279 — — Loango und die Loango-Küste, Mitth. Ver. für Erdk., Leipzig, 1876, p. 37-67.

1280 **Rouvre, Ch. de :** La Guinée méridionale indépendante ; Congo, Kacongo, Ngoyo Loango, 1870-1877. B. S. G. P., oct. 1880, *avec carte*.

1281 **Sandick, O. V.** Der niederländische Faktorei-Handel an der Küste von Nieder-Guinea. D. G. B., 1881, IV, n° 4, p. 293-311.

1282 **Soyaux, H.** Vegetations-Skizze von der Loango-Küste. Zeitsch. Gesellsch. für Erdk., 1875, I, Heft, p. 62-70.

Corisco Baie. — Libreville.

Le Gabon ; — l'Ogoway, (Ogooué, Ogowé) ; — Contrées au Sud de l'Equateur.

1283 **Africa, Pilot.** Part II ; additional information relating to Gaboon and Congo rivers. W. B. et C., n° 45, 1878.

1284 **Aymes,** Voyage d'exploration de l'Ogooué en 1867 et 1868. G. M. P., 1869, p. 359.

1285 — — Exploration de l'Ogoway. Afr. occid[le], *avec* 1 *carte.* R. M. C., Avril 1870.

1286 **Bellay, M. T. Griffon du.** Exploration du fleuve Ogo-Wai, côte occ. d'Afrique, juillet, août 1862; R. M. C., sept. 1863.

1287 **Ballay, N. E.** L'Ogooué, 8°, 48 p., B. S. G. C., t. IV, n° 2, p. 98-103. Paris, Derenne, 1882.

1288 **Baumés, J.** De la limite des possessions portugaises au Sud de l'Equateur, *avec carte.* R. C., mars 1858.

1289 **Bichet, R. P.** Quelques jours dans l'Ogowé, Afr. occid. M. C., 1882, XIV, n° 705, p. 581-585, du Rhemboé à l'Ogowé, 1883, XV, n° 719, p. 125-131, *avec cartes.*

1290 **Bizemont, H. de** : L'expédition française de l'Ogôoué. B. S. G. Paris, avril 1877, p. 417-423.

1291 — — **Vte. de :** Le cours de l'Ogôoué. *avec* 1 *carte.* L'Explor., 1877, n° 6 et 7.

1292 **Blaise, E.** La côte occid. d'Afrique, du Gabon jusqu'à Angra Pequéna. S. Bret. G., IVe année, n° 21, p. 569. Lorient, L. Chamaillard, 1885.

1293 **Braouezec, Lieut.** Notes sur les peuplades riveraines du Gabon, de ses affluents et du fleuve Ogouwai. (B. S. G. Paris, 1861, mai, juin, p. 345-359, *avec 3 cartes*, G. M. P. 1861. p. 367, Notice litt.)

1294 **Brazza.** Il conte — — e le Stazioni francesi nell'Ogoué. B. S. G., Italiennne, 1881, nº 4, p. 205-210.

1295 **Brazza, G. di et a Pécile** : Lettere dell' Ogoué. B. S. G. Ital., 1884, IX, nº 5, p. 361-385.

1296 — — Le esplorazioni nell'alto Ogoué. N. A., 1884. XLV, nº 10.

1297 **Camperio, M.** Il Gabon, colonie adjacenti e loro commercio. Eº, nº 11, p. 360-364.

1298 **Cardon, C.** Ogoué e Congo. N. A., 1882, XXXIV, nº 14.

1299 **Catteloup,** Notes sur le Gabon. (Revue maritime et Coloniale. Déc. 1874.)

Notice spéciale sur les peuples du Gabon.

1300 **Compiègne, V. de et Marche, A.** Voyage dans le haut-Ogooué de la pointe Fétiche à la rivière Ivindo, *avec* 1 *carte*, B. S. G., Paris, sept. 1874.

1301 **Compiègne, V. de** : Voyage d'exploration dans l'Afrique équatoriale. (Le correspondant, Paris, 25 sept., 25 oct. 1874.

Relation d'un voyage à la Côte de Guinée et au Gabon.

1302 — — L'Ogôoué et les explorateurs français dans l'Afrique équatoriale. Explor, G. C. 1875, nº 4, 6.

1303 — — L'Afrique équatoriale, Gabonais, Pahouins, Gallois, 8º, 364 p, *avec* 1 *carte*. Paris, Plon. 1875.

1304 — — L'Afrique équatoriale, ou histoire et mœurs des peuples suivants, à savoir : Gabonais, Pahouins, Gallois, Okanda, Bangouens, Osyéba, 2 volumes in-12, reliés dos maroquin, plats toile rouge, doré sur tranches, orné chacun d'une carte spéciale et de gravures sur bois, dessinées par L. Breton, d'après des photographies et des croquis de l'auteur. Paris. Van Crombrugghe, Bruxelles.

1305 — — L'Afrique équatoriale : Okanda, Bangouens, Osyeba. In-18º, *avec cartes, gravures*, 2 édit., Plon, Paris, 1880.

1306 **Danckelman, A. v.** Die Ergebnisse der meteorologischen Beobachtungen des Herrn H. Soyaux in Ssibango-Farm am Gabun während des Jahres 18·0, 2 L. 1880, p. 1 à 14. Mitth. d. vereins f. Erdkunde.

1307 **Défraire, L.** Industrie agricole du Gabon. B. S. G. C. de Bordeaux, 1886, IX, nº 7, p. 209.

1308 **Du Chaillu**, Reisen im äquatorialen Theile von Afrika. Geog. Mitt. Pet., 1858, page 297.

Du Chaillu se dirige de Gabon aux sources du Congo. La réussite de ce voyage est de la plus grande importance pour connaître la zône équatoriale de l'Afrique.

Du Chaillu a découvert 3 chaînes de montagnes à 150 lieues angl. de la côte.

1309 **Etablissements portugais, (Les)** de la côte S.-O. de l'Afrique. N. A. M., 1863.

1310 **Escande, A.** Notre établissement du Gabon en 1874. Revue maritime et coloniale, mars 1875, p. 802-808.

Il existe au Gabon une mission protestante et, pour être impartial et juste, nous devons constater qu'elle obtient aussi des résultats qui atteignent ceux de la mission catholique, s'ils ne les surpassent.

1311 **Fourest**, Le Gabon et l'Ogooué. (L'Exploration, 1879, nº 113).

1312 — — L'expédition de M. Fourest dans l'Afrique centrale : le fleuve Ogooué. Nature, 11 Janv. 1879.

1313 **Gabon.** Le — — et son commerce. E.F., 27 mai 1876.

1314 **Gaffarel, P.** La colonie française du Gabon. E. 1879, nº 108-110.

1315 **Griffon du Bellay** Dr. Le Gabon, 1861-1864. T.d. M., nº 304 à 306, oct. 1865, p. 273-320.

Cet ouvrage, comportant une notice historique sur son établissement, contient en outre des données géographiques, physiques, ethnographiques et traité des mœurs et usages des indigènes. Histoire naturelle, excursion dans l'Ogooué.

1316 **Heimbürger, L.** Der Fluss Gabun und seine Bedeutung. Geog. Mitt., 1858, Heft IV, p. 168-169.

L'Afrique n'a que 5 fleuves de premier rang. Le Nil, Niger, Gabun, Zaïre (Congo) et le Zambèze.

1317 **Iradier-Bulfy**, Fragmentos de un diario de viajes de exploracion en la zona de Corisco. Libreville. B. S. G., Madrid, IV, p. 253-339, 1 *carte*.

1318 **Koppenfels, H. v.** Mercantile Verhältnisse im Gabun-Gebiet. G. M., I, nº 6, p. 360-363.

1319 **Lenz, Dr O.** Reisen in Afrika. V. K. K. G. R. A., 1875, n° 9, p. 149-152.

Tiré d'un écrit à M. Hofrath v. Hauer, d. d. Gabon, 1 mars 1875.

1320 **Marche, A.** Les peuples riverains de l'Ogôoué. R. G. J., 1877, n° 25, p. 273-276.

1321 — — Voyage au Gabon et sur le fleuve Ogôoué. Tour du Monde, 1878, n° 936-938, *avec* 1 *carte*.

1322 — — Le commerce au Gabon. B. S. de G. C. Paris, 1879, n° 1 u. 2.

1323 **Mellnes, M.** Le fleuve Ogôoué. (B. S. G. Languedoc, 1879, n° 1, p. 113-124.)

1324 **Ogowé.** Die Expedition von Dr O. Lenz am Ogowé. V. G. E. B. Bd II, 1876, n° 9, 10, p. 249-255.

1325 **Petermann, A.** Die neueren Forschungen am Ogowe. G. M. P., 1875, p. 106, commencement ; 1878, p. 426, fin.

1326 — — Die Gabun-Länder im Aequatorialen Afrika, im jahre 1862. (Les terres du Gabon dans l'Afrique équatoriale en 1862. G. M. P., 1862, n° 5, mai, p. 179-181.

Remarques sur le tracé carthographique des cartes de Du Chaillu, 1856-1859, et sur les reconnaissances des officiers français de 1849 à 1861.

1327 **Plaise, E.** Lettre sur le Gabon. B. S. G. N., juillet 1882, p. 250-254.

1328 **Savorgnan de Brazza, P., et N. Ballay** : Expédition sur les cours supérieurs de l'Ogôoué, de l'Alima et de la Licona. B. Soc. Geogr. Paris, febr. 1889, p. 113-145, *avec carte*.

1329 **Savorgnan de Brazza,** Position du fleuve Ogooué. G. M. P., n° 5, avril 1877, p. 191.

1330 — — L'exploration sur l'Ogôoué. E. 1877, n° 30.

1331 — — Spedizione Francese Sull' Ogooué. C. 1877, vol. IX, n° 9, p. 333-340.

1332 **Savorgnan de Brazza,** Spedizione Francese sull' Ogôoué. C. 1877. H. V. p. 183-187.

1333 — — Expédition française de l'Ogoué. B. S. G. P., juin 1878, p. 542-558.

1334 **Savorgnan de Brazza** et **Marche**, Expédition française dans l'Afrique équatoriale sur le cours de l'Ogoouwé. L'Explor., 1876, nº 63, p. 385.

1335 **Serval**, Der Ogowai, der Hauptstrom in der Westhläfte des äquatorialen Africa, 1863. G. M. P., p. 445.

Samasstialé est située à 4 jours de distance du Gabon au Nord. La capitale est Kaylee, les habitants sont anthropophages. Au Nord de Kaylee, à 2 jours de distance, se trouve Imbekee, plus loin l'on rencontre les deux grandes puissances Badaylée et Oongomo, (Massadée est la capitale d'Oongomo) ensuite l'on arrive aux deux grandes contrées nommées Paamvoy et Schaybey.

1336 **Sutter, E.** Le Gabon (1879, nº 6, p. 569-586.) Bull. Soc. belge. Géog. 1879, nº 6, p. 569-586.

1337 **Touchard, F.** Notice sur le Gabon, *avec 3 cartes*. (Rev. Mar. et Col., oct. 1861.)

1338 — — Aperçu de l'avenir commercial du Gabon. (Moniteur de la Flotte, 1861, nº 13), voir la note litt. Pet. Geog. Mitth., 1861, p. 243.

1339 **Kiepert, H.** Ueber die neueren französischen Forschungsreisen und ins besondere die Ogowé-Reise Savorgnan de Brazza 's. (Verhandl. d. Gesellsch. f. Erdkunde, Berlin, 1879, nº 4, p. 129-140, 1 *carte*.

1340 **Ribeiro, M. F. A.** Provincia de J. Thome (Gabon) principe e suas Dependencias. 8º, 705 p. *avec* 1 *carte*. Lisboa, Impressoa national, 1878.

1341 **Walker, R. B. F.** Mr Skertchley on the Ogowe. Geogr. Magasine, août 1875, p. 248, sept., p. 282.

1342 — — The commerce of the Gabon, its history and future prospects. Journal Soc. of arts, vol. XXIV, 1876, nº 1225, p. 585-597.

Montagne des Eléphants.

(Entre le Golfe de Bénin et la Baie de Biafra.)

1343 **Burton, R. F.** An account of an exploration of the Elephant Mountain, in western equatorial Africa. Journal Royal Geog. Soc., vol. XXXIII, London, 1864, p. 241-250.

La montagne des Eléphants fait partie d'un des gradins secondaires qui dominent la côte orientale du Golfe de Bénin, entre la Baie de Biàfra et le Gabon. Elle est située à une dizaine de milles de la côte, à peu près par 2° 52' lat. N.

Camerun, Kamerun ou Vieux Calabar

Petit et grand Batanga

et le littoral de la Baie de Biafra.

1344 *** Besteigung des Kamerun-Gebirges in West-Africa. G. M. P., 1862, p. 271.

1345 **Büchner, M.** Das Kamerun-Gebiet. N. N. M., 6-9 nov. 1885.

1346 — — Kamerun, V. G. f E., Berlin, 1885, XII, n° 8.

1347 — — Beiträge zur Vorgeschichte des Kamerun-Gebietes, E. 1885, n° 49 et 50.

1348 **Burton, R.** et **Gustave Mann**, Die erste Besteigung des Kamerun-Gebirges in West-Afrika, 1863. G. M. P., p. 179.

Ces montagnes volcaniques s'étendent au Nord 33°, à l'Est 33°, à Camerun, Fernando Po et St-Thomas. L'étendue est environ 600 lieues car. angl.

1349 **Comber, T. J.** Reisen im Westen, Norden und Osten des Camerun-Gebirges. P. R. G. S., 1878-1879.

1350 — — Explorations inland from Mount Cameroon and Journey through Congo to Makuta, *avec carte*. P. R. G. S., 1879, n° 4, p. 225-240.

1351 **Hammerstein, A.** Note sur le territoire de Kamerun. D. A., 1886, n° 16, p. 304.

1352 — — Sur la culture du Kamerun. G., 1886, XLIX, n° 11.

1353 **Hassenstein, B.** Die Flussgebiete des Binnenl. Alt.-Kalabar und Camerun in West-Africa, 1862. G. M. P., p. 173.

1354 **Kamerun.** Reise in die Hinterlande der Kolonie, 8°, 357 p., *avec carte*. Leipzig, Frohberg, 1886.

1355 **Kirchhoff, A.** Aus dem Süden der Kamerun-Kolonie. K. M. P., 1886, v. p. 144-146.

1° der Moanja in Klein-Batanga, 2° Gross Batanga.

La moyenne du climat de Batanga ne monte pas plus haut que 30° celsius, ni plus bas que 21° 25° centig.

Il y a très peu de moustiques.

1356 **Rogozinski, St. v.** Expedition nach dem Camerun. — Aufenthalt in Liberia. — Grand-Bassam, 18 mars 1883. — Besuch von Assini und Krinjabo. — Camerun, 1 juni 1883. - Elmina Kumassi. — Cape Coast Castle. G. M. P., 1883, p. 366-373.

1357 **Scholl, C.** Nach Kamerun. 1 G^d, 8°. Leipzig, Cavael, 1886.

Ce qu'il a trouvé dans les papiers légués par ses fils à Kamerun.

1358 **Schwarz, B.** Rekognoszierungszug durch die Hinterlande von Kamerun. D. K. Z., 1886, III, n° 9, p. 260.

1359 **Valdau, G.** En fard till lande norr om Kamerun-berget. id. 1885, n° 7 et 8, p. 271-302, *avec carte*.

1360 **Zoller, H.** Erläuterungen zur Karte des südlichen Kamerun-gebietes, M. A. G., 1885, IV, n° 6, 404, *avec carte*.

1361 — — Forschungs-Reisen in der deutschen Kolonie Kamerun, 8°, *avec carte*, Stuttgart, Speemann, 1885-1886.

Comprend : 1° Les montagnes de Kamerun ;
2° Les fleuves id.
3° La partie Sud id

1362 **Zeller, M.** Die deutschen Kolonien in West-Africa niedergelegt int : « Die deutschen Besitzungen an der West-Afrikanischen Küste » Stuttgart, Speeman, 1885 und 1886. Der 3te Band enth das Flussgebiet von Kamerun, der 4te das südliche Kamerungebiet. G. M P., 1886, III, p. 93.

Afrique occidentale en général.

Guinée du Nord et du Sud.

1363 **Adams, R.** Narrative of — — who was wrecked on the western Coast of Africa in 1810, 4°, *carte*, 1860.

1364 **African. West-Küste.** Von der — — G. Bd. xxx, 1876, n° 8, p. 113-116 ; n° 18, p. 273-278 ; n° 19, p. 289-295.

1365 **Aubry-le-Comte,** Le coton à la côte occidentale d'Afrique, Rev. mar. et col. 1862.

1366 **Barbot.** Histoire de la Guinée. Paris, 1660.

1367 — — Description of the coast of north and south Guinea, 1678. Churchills collection of voyages, v. p. 96, et du même auteur : Account of the West-Coast in Africa in Astley's collection. V. 5.

1368 **Barezze, Barezzi.** Avvisi e letere ultimanente grunte de cose memorobile succedite tonto in Africa nel rogno de Biguba nella Guinea, etc. Venezia, 1606.

1369 **Bosman, W.** Nouwkeurige beschrijving van de Guineesche Goud-Tand-en Slavenkust. Amsterdam, 1704, 1709, 1718, 1736. En anglais : London, 1705; en français, Utrecht, 1705.

Ouvrage très important.

1370 — — Beschrijving v. Guinea, Goud Tand-en Slavenkust, beaucoup de pl. Amstr., 1709, 4°, A. W. Schmidt in Halle, 1878.

1371 **Brusciotti, H.** Regulae quædam pro difficillimi Congensium idio matis faciliori captu. Romae, 1659.

1372 **Bry, de.** Collectiones etc., tom. IV. Indiae orientalis, pars IV. Veram et historicam descriptionem auriferi regni Guinea ad Africam partinentis, quod âlias littus Mina vocatur, contineas. Francfurt, 1604.

1373 **Butler, W.** Justificatie van seyne gehoude Directie op de Custe van Guinea sedert deszelfs 18 jarig verblijf aldaar, etc. Amsterdam, 1724.

1374 **Camstrup, J.** Reys-Beschrijving ofte Journael van 't Oostindie-schip « Blijdorp » op de Guinée-küst van Africa. Amsterdam, 1735, 4o, H. W. Schmidt, Halle, 1878.

1375 **Compiègne, de.** Les dernières explorations françaises sur la côte occidentale. J. M. Bonnat. — P. B. du Chaillu, L'explor. Géog. commerc., 1875, no 1, 2.

1376 **Da Gama Pereira, A.** De Juribus quibus Lusitanum un perium in Africa, India ac Guinea possidetur. Vallisoletj, 1599; Cremonae, 1598; Ulyssipomae, 1578; Francofurti; 1598.

1377 **Degrandepré,** Reise nach d. westl. Küste von Afrika in den Jahren, 1786-1787. Weimar, 1801. H. W. Schmidt in Halle, 1878.

1378 — — Voyage à la côte occidentale d'Afrique. Paris, 1801, 2 v. in-8°, B. R. B., n° 40273.

1379 * * * Del viaggio che si fa nella costa della Guinea. Et en Ramusio » Racoolte » (1556) III.

Notes de voyages d'un marin de Dieppe, en 1547.

1380 **D'Elbée,** Journal du voyage du sieur d'Elbée...... aux Iles de la côte de Guinée en 1669 et 1670. Paris, 1671.

1381 **De l'Oncle,** La côte occidentale d'Afrique; le Sous. B. S. G. Com. Paris, 1883, v, n° 4, p. 379.

1382 **Denham. A.** West coast of Africa, Theil XVI. Porto novo to Jaboo, 1846. Add. to 1857, 1,295.000 l. Africa West coast, Lagos river, explored by E. Curtis and Harris 1851, 1.181000. Geog. Mitt., 1857, p. 440.

1383 **Deutsche Expedition.** Die — — im Westen des Aequatorialen Afrika, 1873-1877. A. A. W., 1878, t. 7, p. 193-199; t. 8, p. 230-235.

1384 Dienstl. Durch. Angeb. Labarthe, P., Reise nach d. Küste von Guinea. Weimar, 1803. H. W. Schmidt in Halle, 1878.

1385 **Dyer, H. M.** The West coast of Africa, as seen from the Deck of a man of war, 8°, 178 p. London, Griffith, 1876.

1386 **Ehrmann**, Gesch. d. Reisen nach Guinea. 6 Bd, E. (D. Gesch. d. merkw. Reisen, 9-14. Bd.) Frnkf. 1793. H. W. Schmidt in Halle, 1878.

1387 **Faro, A. de** : Relaço do que obrarao na segunda missao os annos de 1663 e de 1667, os religiosos capuchos da Piedad do Reyno de Portugal, em a terra de Guiné na conversaó dos Gentios, e descowen do da provoacaó de Cachen, Rio de Sam Domingos, passanto do Rio, etc.

Manuscript. de la Bibliothèque de la ville d'Evora en Portugal.

1388 **Flickinger, D. K.** Offhand sketches of men and things in Western Africa. Dayton. Ohio, 1857.

1389 **Forster, J.** Entdeckungen im Innern v. Afrika. Reise nach Guinea. Berlin, 1791. H. W. Schmidt, Halle, 1878.

1390 **Gramberg, J. S. G.**, Schetsen van Afrika's West-Kust, 8°, 384 p. Amsterdam, Weytingh et Brave.

1391 **Gravier, G.** Recherches sur les navigations européennes, faites au moyen-âge aux côtes occid d'Afrique. C. I. S. G. Paris, 1868, I. p. 459-498; E. 1878, II, n° 6.

1392 **Grœben, O. v. d.** Orientalische Reisebeschreibung nebst der brandenburgischen Schiffahrt nach Guinea. Marienwerder, 1694.

Intéressants ouvrages sur les travaux des Allemands pour la colonisation de l'Afrique occidentale.

1393 **Guinea**. Der Mooren wonderheden ofte een voyage na 't Koningrijck. van Guinea. Amsterdam, 1659.

1394 — — The english acquisitions in Guinea and East-India. London, 1768.

1395 **Guiral, L.** Les Batékés (Af. occid.). Le Progrès français, mars 1884. Paris, in-8°.

1396 **Gussfeld.** Dr. Voyage à la côte occid. d'Afrique. B. T. S. K. G., 1876, n° 3, p. 249 266.

1397 **Hawkins, J.** A true declaration of the troublesome voyage. London, 1569.

S'occupe de la Guinée.

1398 **Hemmersam, Michel**. Description de voyages en Guinée et aux Indes, de 1639 à 1645; d'Amsterdam à Joris del Mina, un castel en Afrique, etc. Nurnberg. 1639.

Hemmersam était orfèvre à Nurnberg.

1499 **Herrera**, Historia de las Indias occidentales, Madrid. 1730.

Donne des notices sur la découverte et sur la navigation de la côte ouest de l'Afrique, principalement dans le Ier volume.

1400 **Hertz, Ch**. Une excursion à la côte de Guinée. E., 1878, nº 65, p. 454-459; nº 66, 492-496; nº 67, 526-531.

1401 **Hugo Hahn, C**. Grundzüge einer Grammatik des Herero (West-Afrika), Berlin, 1857. Geog. Mitt., 1858, p. 175.

1402 **Imagem**, Da virtud, etc. Coimbra, Lisbonne et Evora, 1704, 1719.

Notices données par les Jésuites sur l'Afrique de l'ouest et sur ses habitants.

1403 **Irminger, O**. Det internationale Afrikanske Selskabs Verksomhed i Vest Afrika. G. T., 1882, nº 1, p. 28-32.

1404 **Jaubert, A**. La côte occidentale d'Afrique. Création de comptoirs belges. 8º, 71 p., Anvers, 1880.

1405 **Journal** d'un voyage sur la côte d'Afrique et aux Indes d'Espagne. Paris, 1730.

1406 — — du voyage fait sur l' « Annibal » de Londres, en 1693 et 1694. Churchill 's collection, VI, 239.

Description du voyage de Guinée.

1407 **Keymis, L**. A relation of the second voyage to Guinea, performed and written in the year 1596. London. (Important.)

1408 **Klagten** Van den heer, Résident Carisius omtrent de Deutsche Africaensche comp. die de Nederl. west-Comp. op de Kust van Guinea niet wil gedoghen. Heuckelom, 1660.

1409 **Kurtz, F**. J. M. Hildebrandt's Reisen in Ost-Afrika. V. d. B. V. d. P. B., 1878.

1410 **Labat, J. B. et D'Anville, B**. Voyage du Chevalier des Marchais en Guinée et isles voisines. 4 vol. Paris, 1728, et 1730; Amsterdam, 1731, *avec cartes*.

Rapports importants.

1411 **Labat, J. B. et D'Anville, B.** Nouvelle relation de l'Afrique occidentale. 5 vol., *carte, plans*. Paris, 1847.

1412 **Labathe**, Reisen nach Guinea. (Goldküste, Rio da Volta, Benin, Congo, Angola) *avec carte*. (Allgem. Historie, 4 Bd) Leipzig, 1749. H. W. Schmidt in Halle, 1878.

1413 — — Reise nach de Küste von Guinea, übers., Weim, 1803. H. W. Schmidt in Halle, 1878.

1414 **Lamette, Ch.** Examen des voyages d'exploration de Marche et Savorgnan de Brazza dans l'Afrique occidentale. B. S. G. N., sept. 1880, p. 273-289.

1415 **Lenz, O.** Ueber Zwergvölker in West-Africa. M. K. K. G. G. Vienne, 1878, nº 1, p. 28-39.

1416 — — Die Handelsverhältnisse im äquatorialen Theile West-Afrika's. D. G. B., 1878, t. 2, p. 57-84.

1417 **Lenz, Dr. O.** Reise aus dem Okande in West Afrika, *avec* 1 *carte*. Z. G. E. B. X., 1875, 3 et 4 Heft., page 236-265.

1418 **Lindenberg, P.** Otto Schutt's Expedition nach West-Afrika. W. P. 1882, nº 3, p. 43-48.

1419 **Linschoten, J. H. van.** Beschryvinge van verscheyde Landen gelegen onder Africa en Amerika als 't Conningryk Guinea, Congo, Angola etc., t' Amsterdam, 1663. (?)

1420 **Marche, A.** Trois voyages dans l'Afrique occidentale. Sénégal, Gambie, Casamance, Gabon, Ogooué. 18º, 380 p. *avec* 1 *carte*. Paris, Hachette, 1879.

1421 **Massari, A. M.** La Spedizione Borghese. B. S. G. I., 1881, nº 12, p. 811-837, *avec carte*.

1422 **Mémoires**, lettres etc. en Hollandais concernant la navigation, le commerce, les désordres entre les Hollandais et les Danois à la côte de Guinée, etc. 1734-1779.

1423 **Metzger**, La Guinée. Bull. Soc. Géogr. Paris, août 1878, p. 151-169.

1424 **N** * * * Voyages aux côtes de Guinée et en Amérique. Amsterdam, 1719.

1425 **Napier Hewett, J. F.** On the Jollof's of West-Africa, Proc. of the R. G. S. of London, nº XI.

1426 **Octroy** de Sa Majesté pour l'établissement de la compagnie aux Indes Orientales et à la Guinée. Bruxelles, 1698.

1427 **Pechuel-Loesche**, West-afrikanisches Leben. Eine Küstenreise. A. A. W., 1878, nº 3, p. 75-80; nº 10, p. 303-307; nº 11, p. 321-324.

1428 **Pertinente** beschrijving van Africa, met alle de landen, koningrijken, steden, volken, gewoonten, gedierten, enz. Hier neffens pertinente beschrijvinge van de kuste van Guinea en den handel op de Goudkust. Rotterdam, 1665.

1429 **Possessions portugaises.** Die Grenzen der Portugiesischen Besitzungen an der West-Afrikanischen Küste. Geog. Mitt., 1859, p. 122.

Les possessions portugaises s'étendent du Nord jusqu'à 5º 12. Lat. S. Avant 1783 Bengo ou Zenza (au Nord du Loanda) appartenait aux Français, Anglais et Hollandais.

1430 **Prins, G.** Journael ofte Dagregister van de reyse die gedaan is door 's lands vloot onder den manhaften Heer Admirael M. A. de Ruyter. Amsterdam, 1666.

Comprenant tout ce qui est arrivé en Méditerrannée, Cap Vert, la côte de Guinée.

1431 * * * **Reisen** im Westen van Africa. Jena 1822. H. W. Schmidt in Halle, 1878.

1432 **Riley, J.** Loss of the american Brig « Commerce » on the W. Coast of Africa with account of Tombuctoo and Wassanah. 4º, *avec carte*, 1817.

1433 **Riley, (Capt Jas).** Authentic narrative of the loss of the American brig « Commerce » wrecked on the western coast of Africa, 1815, and the sufferings of the officers and crew in the African Desert, 8º. Hartford. U. S. A., 1817.

1434 **Riley**, Schicksale u. Reisen an d. Westküste u. im Innern von Afrika. Jena, 1818. H. W. Schmidt in Halle, 1878.

1435 **Rohlfs, G.** Rückkehr aus Afrika, seine Durchschinedung des Afrikanischen Continents von dem mittelmeer bis zur Guinea-Küste, 1865 bis 1867; G. M. P., 1867, p. 311.

1436 **Ruy, D.** Toorts der Zeevaert om te beseylen de custen gelegen bezuyden den Tropicus cancer als : Brasilien, west-Indien. Guinea, Angola, etc. Vlissingen, 1623.

1437 **Sachot, O.** Récits de voyages. Nègres et Papous; l'Afrique équatoriale et la nouvelle Guinée, 12°, 356 p. *avec 2 cartes*. Paris, Ducrocq, 1879.

1438 **Saintengeels, A.** « Voyage à l'Afrique occidentale, » 1559.

1439 **Saldanha da Gama, A. de.** Memoria sobre los colonias de Portugal, situadas na costa occidental d'Africa. 8°. Paris, 1839.

1440 **Santarem, M. F.** Rapport lu à la Société de Géographie sur un mémoire de M. da Silveira relativement à la découverte des terres du Prêtre Jean et de la Guinée par les Portugais. B. R. B., in-8°, n° 6939.

1441 **Serval.** Notice sur la rivière Moondah, côte ouest d'Afrique. (Annales hydrograph., 1862, p. 150.)

1442 **Smith, William.** « New voyage to Guinea, etc. » London, 1744 and 1759. En français : « Nouveau voyage de Guinée, contenant une description du terrain, du climat, des habillements, des bâtiments, de l'éducation, etc. de ses habitants. » Paris, 1751. Autre édition sous le titre : « A new voyage to Guinea, description of the customs, manners, soil, climate, habits, buildings, education, manuel arts, agriculture, trade, employments, languages, ranks of distinction, diversions, mariages, and whatever else is memorable amongst the inhabitants. With an account of their animals, etc. » London, 1751.

Ouvrage important. Smith 's a voyagé en 1726-1727.

1443 **Smith, J.** Trade and Travels in the Gulph of Guinea. London, 1851.

1444 **Snelgrave, W. G.** Nouvelle relation des quelques endroits de Guinée et du commerce d'esclaves qu'on y fait. » De l'Anglais, par De Coulange. Amsterdam, 1735-1745.

Traite sur Cohomey et Whydah.

1445 **Soleillet, P.** L'Afrique occidentale, 12°, 280 p., *avec* 1 *carte*. Bruxelles, 1878.

1446 **Soyaux, H.** Aus West Afrika, 1873-1876, 2 vol. 8°, p. 150-229, *une carte*. Leipzig, Brockhaus, 1879.

1447 — — Aus dem Leben des Europäers im tropischen West-Afrika G. R. B., 1878, n° 27-28.

1448 **Steiger, F.** Mungo Park's Reisen in Afrika. Von der West-Küste zum Niger. Leipzig, Verlagsbuchhandlung von K. B. Lorg. 1856.

1449 **Journael** gehouden by my Lows Dammers, uitgevaren met 't schip Prins Willem, 3 april 1652 voor ondercomies naar Guinea, etc.

Manuscript.

1450 **Untergang der v.** der Deken'schen Expedition, avec un aperçu de son voyage à la côte Ouest d'Afrique de 1860 à 1865. Géog. Mitt. 1866, p. 66.

1451 **Valdes, Fr. Travasses,** Africa occidental. Noticies e consideraçoes, t. I, 8°, 650 p., et 7 pl. Paris, Roret, 1865.

1452 — — Six Years of a traveller's life in Western Africa. 2 vol. 8°, 740 pp. London, Harst and Blackett 1861.

1453 **Valkenburg, J.** Brief van — — Directeur Gener. der West-Ind Comp^ie op de Custe van Guinea over grouwelyke barbarische tyrannyen by de Engelschen aldaar gepleegt. Gravenhagen, 1665

1454 **Vallon, A.** La côte occidentale d'Afrique, *avec 2 cartes*, Revue mar. et col., nov. 1863.

Cette relation comprend le voyage du Sénégal au Congo et de Loango au Congo, ainsi que les côtes entre les fleuves Kilongo et Kacongo jusque 30 à 40 milles marins à l'intérieur du pays. Au Nord se trouve la côte de Yumba, pays sans industrie ni productions.

Le Roi de Loango vint lui-même rendre visite à Vallon en l'année 1839.

1455 — — Renseignements sur quelques rivières de la Côte occidentale de l'Afrique, *avec carte*. (Bull. d. la Soc. de Géog. 1860.)

1456 **Vallemont, C.** Journal d'un voyage sur les côtes Ouest d'Afrique, etc. Amsterdam, 1723.

1457 **Vasconcelles, Don Agost. de.** « Vida y acciones Rey Don Jean el II, Rey de Portugal Madrid, 1629 »

Contient beaucoup de faits sur la découverte des pays situés sur les côtes ouest de l'Afrique.

1458 **Voyages** nouveaux aux côtes de Guinée et en Amérique. Amsterdam, 1739.

1459 **Wallace, Alf. R.** Notes on a voyage to New Guinea. Procced. of the Roy. Geog. Soc., vol. III, n° 6.

1460 **Wilkinson, W.** An answer to a book written by the Guinea company in their own defence for the menagement of the trade in Africa. London, 1690.

1461 — — Systema Africanum, or a treatise discovering the intrigues and arbitrary proceedings of the Guinea Company. London, 1698.

1462 **Wilson, J. L.** Western Africa. 8°, London, 1856, p. 366.

Côte des Esclaves

Dahomey ; — Repub. Minas ; — Volta, riv. ; —

Porto Novo ; — Lagos ; — Whydah.

1463 **Bedingfeld, R. N.** Narrative of a Journey from Lagos to Odé, the capital of the Isebu country. Janv. 1862. Journ. of the Royal Geog. Soc., vol. xxxiii, London, 1864, p. 214-217.

1464 **Bonnat, I.** Côte de Guinée. 1re reconnaissance du cours du Volta. L'explorateur Geog commerc., 1875, n° 21, p. 487-488 ; 1876, n° 73, p 663-668 ; n° 74, p. 3-5 ; n° 75, p. 36-37 ; n° 76, p. 66-67, *avce* 1 *carte*.

1465 **Bouche, J. E.** Notes sur les républiques Minas de la côte des eslaves. Bull. Soc. Geogr., Paris, Juillet 1875, p. 93-100.

1466 **Bouche, Abbé, J. E.** Le Dahomey, *avec* 1 *carte*. Bull. Soc. Geog. Paris, 1874.

Description de la côte des esclaves, Lagos et Porto-Novo.

1467 **Burton, R.** A mission to Gelele, King of Dahome. With notices of the So'called « Amazons » the Grand customs, the Yearly customs, the Human Sacrifices, the present State of the Slave Trade and the negros's Place in Nature. 2 vols., 8°, London, Tinsley, 1864.

1468 **Burton, R.** E. On the present state of Dahome. Trans. of the Ethnol. Soc. of London, VIII, 1865, p. 400. Geog. Mitt., p. 813, art. 65.

Burton visita deux fois le Dahomey en l'année 1863–1864. Il donna les bornes du royaume par le procédé ordinaire, et donna pour étendue 4000 milles carrés et une population de 150.000 habitants. Il donne un aperçu des offrandes humaines des amazones garde du Corps ainsi que d'autres particularité sur Abeokuta en mai 1874.

1469 **Cappel, Dr.** La côte des esclaves. Bull. Soc. Geog., Lyon, jan. 1880.

1470 **Dahomy.** Beitr. z, kenntniss d. Konningr. Dahomy. Leipzig, 1790. H. W. Schmidt. Halle, 1870.

1471 **Feris, Dr.** Côte de Guinée, Whydah, Lagos. Explor, 1880, XI, n° 188, p. 405-408.

1472 **Guinée.** La côte de — — . Reconnaissance du fleuve Volta par M. J. Bonnat. L'explorateur, 1876, n° 73, p. 663-668 ; n° 74, p. 3-5.

1473 **Hill, P. Grenfell.** A voyage to the slave-coats of West and East-Africa. L. 1849, 12°.

1474 **Holley, M.** Etude sur les Egbas, côte des Esclaves. Missions Catholiques, 1881, n° 634, p. 250-255.

1475 **Hornberger.** Das Ewe-Gebiet ander slavenkuste von West Afrika. Geog. Mitt., 1867, p. 48.

1476 **Laffitte, Abbé.** Le pays des nègres et la côte des esclaves. 8°, 238 p. Tours, Mame, 1876.

1477 **Petersen, F.** Fra Lagos ved Guineakysten. (Geog. Titskr. 1879, n° 3, p. 47-49.)

1478 **Serval.** Rapport sur une mission au Dahomey. Revue maritime et coloniale. R. M. C., 1878, n° 206, p. 130-146.

1479 **Tournafond, P.** Le Dahomey. L'Exploration Geog. Commercial, 1876, n° 81, p. 209-212.

1480 **Tommefond, P.** Un eldorado africain et les Explorations de M. J. Bonnat sur la côte de Guinée, 8°, 35 p., *avec carte*. Meaux, Cochet, 1878.

1481 **Vallon, A.** Le Royaume de Dahomey, *avec carte*, (Rev. Mar. et Col., août et novemb. 1861.)

1482 **Zundel, G.** Land und Volk der Erveer auf der Sklavenküste in West-Afrika. Zeitsch. Gesell. f. Erdkunde. Berlin, 1877, t. 6, p. 401-422.

Guinée supérieure.

Côte d'Or de Mina; — Cape Coast Castle; — St-Georges d'Elmina; — Royaumes d'Issigny, d'Ouaisa, de Fetu, Atsyn, Ningo.

1483 **Beschryving** van de Goudkust Guinea. Amsterdam, 1650.

1484 **Brodie Cruickshank.** Mitglied des gesetzgebenden Rathes in Cape-Coast-Castle: Ein achtzehnjähriger Aufenthalt auf der Gold-Küste Afrikas. Geog. Mitt. Peterm. Litt. 1856, p. 39.

1485 * * * Caerte des Landschaps van de Goudkust in Guinea van Atsyn tot Ningo.

Manuscrit des archives Néerlandaises. Cette carte a été faite du temps de la prise d'Elmina par les Hollandais. Le fort qui s'y trouve établi porte le nom de St-Georges d'Elmina et servait du temps du Gouvernement Neerlandais de caserne pour le recrutement des Nègres d'Abomé et de Komassi etc. pour le service de l'armée Neerlandaise à Java. L'engagement était de 12 ans, pour lesquels chaque homme recevait une prime de 160 florins.

A leur arrivée aux Indes, et déjà à bord, ils étaient considérés comme Européens, habillés et nourris comme tels, et formaient à leur arrivée à Java des compagnies séparées dans les Bataillons Européens. Par exemple, à la prise du Kraton d'Atjeh, Sumatra, en 1873, le 2e Bataillon d'Infanterie avait sa 3e et 5e compagnie, formées de Nègres solides et bien exercés. Ce bataillon, qui remporta la victoire, était commandé par le Colonel Karel van der Heyden, officier distingué, actuellement Lieut. Général Adjudant en service extraordinaire de sa Majesté Guillaume III, Roi de Hollande. — Elmina appartient actuellement à l'Angleterre.

(Note de l'auteur, qui faisait partie de ce Bataillon à la prise du Kraton et qui fut décoré pour ce fait d'armes.)

1486 **Description** et récit du riche Royaume d'Or de Guinée, autrement nommé la côte d'Or de Mina. Amsterdam, 1602-1605.

1487 **Deasoey, O.** Les établissements français de la côte d'Or. Revue Marit. et Col., nov. 1866.

Relations spéciales sur ce pays et notices sur le commerce.

1488 **Lenz, O** Die Goldküste in West-Afrika. Oesterr. Monatschr. f. d. Orient. 1879, n° 2-4.

1489 **Loyer, G.**, « Relation du voyage du Royaume d'Issigny de la côte d'Or, etc. » Paris, 1714 et 1723.

1490 **Mareés, Pieter de** : Beschryvinge ende Historisch verhael van 't Gout Koninckreyk van Gunea, anders de Gout custe de Minà genoemt, liggende in het deel van Africa, etc. Amsterdam, 1603.

Cet ouvrage important donne la description de la côte de la Guinée.

1491 **Moreau de St Mery**, Observations sur le royaume d'Ouaise, à la Côte d'Or en Afrique. M. M. P., livraison 2, p. 43.

1492 **Muller, J. W.** Beschreibung der africanischen auf der Goldküste gelegenen Landschaft Fetu, Hamburg, 1673.

1493 **Musy, E.** La Côte d'Or. L'Explor. 1878, n° 55, p. 135-138.

1494 **Peacock, G.** The Guinea or gold Coast of Africa, formerly a colony of the Axumites or ancient Abyssinians, etc. 8°, 52 p., London, Pottle, 1880.

1495 **Schmidt, G. L.** Landeinwärts von der Gold-Küste. « Aus fernen Zonen, » 1878-1879, n° 3.

1496 **West, T. Rev.** The life and Journals of the Rev. Dr West, Wesleyan minister and deputation to te Wesleyan Mission station of the Gold Coast, Western Africa. London, 1857

1497 **Zerlich, J. J.** Africanische Reisebeschreibung in der Landschaft Fetu auf der Guineeschen Gold-Cüste gelegen. Zürich, 1677.

Ashantee ou Achantie, aussi Asante.

Saint-George d'Elmina.

1498 **Ashante und Dahomeh**. Calwer Missions Blätt.,oct. 1876, p. 79-80.

1499 **Bonnat, M.** Les Achantis. L'Explorateur 1876, nº 50, p. 36-38; nº 51, p. 53-55; nº 52, p. 82-83; nº 53, p. 112-113; nº 54, p. 139-141.

1500 **Bonnat, J.** Chez les Ashantis. L'expl. Géog. et Commerc., 1875, nº 45, p. 565-568.

1501 **Bowdich, E. T.** Mission from Cape Coast Castle to Ashantee, 4º, London, 1819, p. 433.

1502 — — Voyage dans le pays d'Achantie, ou relation de l'Ambassade envoyée dans ce royaume par les Anglais. Paris, 1819, in-8º. Bruxelles, Lamertin, H.

1503 — — Mission to Ashantee, with a statistical account of that kingdom. 4º, *cartes et pl. coloriées.*

1504 **Comassie,** Jottings en route to — — By an officer, 12º, *avec* 1 *carte*. London, Mitchell, 1874.

1505 **Neyners d'Estrey, Comte.** Les Hollandais en Afrique, les Achantis, les Fantis et les Elminois, Explor. Géog. Commercial, 1875, nº 41, p. 466-469.

1506 **Ramseyer und Kühne,** Four Years in Ashantee. Edited by miss Weilbrecht. 8º, 334 p. London, Nisbet, 1875.

1507 **Waerachtich** verhael van de gantsche reyse ghedaan by den eersamen Van Dirkx. Amsterdam, 1626.

Traite aussi des événements au Fort El Myna en Guinée.

Côte d'Ivoire.

Assini ; — Grand-Bassam.

1508 **Brun,** Les possessions françaises sur la Côte d'Ivoire. Bull. Soc. Géogr. Commerc. Paris, 1879, n° 2.

1509 **Jacolliot, L.** La Côte d'Ivoire. L'homme des déserts, 2e édition. 1 vol. in-18, relié. Hachette, Paris, 1877.

1510 **Le Grain,** Aperçu topographique et médical sur les comptoirs de Grand Bassam et d'Assinée. Côte occid. d'Afrique, 1859.

1511 **Wauters, A. J.** Le Royaume des Eléphants, voyage au pays de l'Ivoire. In-12 ; Lebègue, Bruxelles.

Sénégambie.

Saint-Louis ; — Sénégal ; — Niger supérieur ; — Benué ; — Soudan occidental ; — Fl. Casamance, Gambie ; — Sainte-Marie de Bathurst ; — Carabane ; — Borgou ; — Dakar ; — Cap-Vert ; — Sierra Léone ; — Free Town.

1512 **Almeida, J. B. F.** Exploração da Senegambia Portugueza. 8°, 30 p. A. D. S. G. L., 1878.

1513 **Arpoare, M. d'**: Exploração agronomica em Cabo Verte e Guiné. B. S. G, Lisboa, 1882, III, n° 6, p. 362-369.

1514 [illegible], [illegible]. La Sénégambie. B. S. E. [illegible], avril 1881.

1515 [illegible], [illegible]. Une nouvelle route pour le Niger supérieur et pour le Soudan occidendal. Bull. Soc. belge de Géogr. Déc 1880, p. 6-8.

1516 [illegible], E. Ueber die Entdeckung der Niger-Quellen. Verhandl. Gesell. f. Erdkunde, B. 1880, nº 4, p. 149-151.

1517 Bérenger-Féraud, L. I. B. Les peuplades de la Sénégambie, 8º, 420 p., Paris, Leroux, 1879.

1518 — — Etude sur les Soninkés (Sénégal). R. A. 1878, nº 4, p. 584-607.

1519 Borel, L. Voyage à la Gambie. Description des rives de ce fleuve et des populations qui les habitent, *avec carte*, (*le Globe*, organe de la Soc. Géog. de Genève, 1866).

C'est la description d'un voyage de Bordeaux à la Gambie et les Etablissements limitrophes, paysages, bouches des fleuves, sur ses habitants, leurs mœurs et coutumes.

1520 [illegible], Ch. Etude sur le fleuve Casamance. R. M., nov. 1882, LXXV, nº 254, *avec carte*.

1521 — — Le fleuve Cazamance. 13º lat. Nord. B. Soc. trop. prat. 4ᵉ trim. 1882.

1522 Burdo, A. Niger et Bénué, voyage dans l'Afrique centrale, *avec carte*, et illustré par Renard, C. Paris, Plon, 1880.

1523 **Côte occidentale d'Afrique (nouvelles)**. Expédition du Cayor, *avec carte*. Croquis destiné à l'intelligence des Européens sur les côtes occid. d'Afrique, du Cap Blanc à l'Equateur, par M. le Bᵒⁿ Brossard de Corbigny. Revue Mar. et Colon., avril 1861, p. 376-390.

1524 Crowther, S. Niger expedition, loss of the « Dayspring » Ch. Miss. Intellig. March. 1858.

1525 [illegible], Capᵗ. Exploration du cours du Bakhoy (Soudan, Bambara). B. S. G. C., Bordeaux, 1882, nº 17, p. 516-520.

Le Bakhoy prend sa source dans la plaine de Mandingo près [illegible] Kong

1526 [illegible]. Nachr. von den Senegalländ. u. Rabault, Reise nach Galam, 1 *carte*, Weimar, 1803. H. W. Schmidt in Halle, 1878.

1527 **Eltell, A. d'**. Du Sénégal au Niger. E., 1878, nº 83, p. 340-343.

1528 **Fallet, E.** Histoire de la colonie française au Sénégal, B. S. G. M. 1er trim. 1882.

1529 **Gaffarel, P.** Les penples africains, le Niger et les peuplades de la Sénégambie. Revue Politique, 21 fév. 1880.

1530 **Jacolliot, L.** Voyages aux rives du Niger, au Bénin et dans le Borgou. 18º, 312 p. Paris, Marpon, 1879.

1531 **Jobson, R.** The golden trade, or a discovery of the river Gambia and the golden trade of the Ethiopians, etc. London, 1623.

1532 **Labat, J. B.** « Nouvelle relation de l'Afrique occidentale, contenant une description exacte de Sénégal et des païs situés entre le CapBlanc et la rivière de Sierra Leone,etc., d'après les Mémoires d'André Brue. » Paris,1728,1729,1732,1758, Amsterdam,1731.

1533 **Mage, E.** Voyage dans le Soudan occidental, 18º, 334 p., *avec 1 carte*. Paris, Hachette, 1873.

1534 **Malte Brun, V. A.** Notice historique du voyage d'exploration aux rivières Kwora et Binué, fait en 1854 par le Dr W. Balfour-Baikie sur la « Pléïade ». Nouv. ann. des voyages.

1535 **Mattews**, Reise nach Sierra Leone. Leipzig, 1789. H. W. Schmidt, Halle, 1878.

1536 **Matthews**, Reise längst d. westl. Küste v. Afrika von Capo Blanco bis Sierra Leone, und Reisen nach Guinea, etc., 3 vol., 700 p., *avec cartes*, 4º, Leipzig, 1748, H. W. Schmidt, Halle, 1878.

1537 **Maurel, M.** et **Bourdiaux**, Le Sénégal et la Mission Desbordes. B. S. G. C., 1881, nº 14, p. 409-420.

1538 **Mangeot, A.** Le Capitaine Gallieni et la Mission du Haut Niger, *avec carte*. Bull. Soc. Géogr. Comm. Bordeaux, 1881, nº 12, p. 354-367.

1539 **Merle, A.** L'Exploration commerciale du Jerbo (Sénégambie).(B. S. G. C. Bordeaux, nº 6 u 11.)

1540 **Niger.** Die neuesten Handels-und Schifffahrts-Unternehmungen auf dem Niger. D. Ausland, 1864, nº 44, p. 1039-1042.

1541 **Raffenel, A.** Nouveau voyage dans le pays des Nègres, suivi d'études sur la Colonie du Sénégal et de documents historiques, géographiques et scientifiques. Paris, Chaix et Cº, 1856.

1542 **Robert**, Du Sénégal au Niger, 8°, 10 p. Paris, Challamel, 1878.

1543 **Savigny, H. V.**, Schiffbruch d. Fregatte «Medusa» auf ihrer Fahrt nach Senegal. Leipzig, 1818. H. W. Schmidt in Halle, 1878.

1544 **Simon, E.** La Cazamance et les peuplades qui en habitent les bords. Bull. Soc. Géog, Paris, août 1859.

1545 **Soleillet, P.** Journal de voyage du Sénégal à l'Adrar en 1880. B. S. L. G., IV, n° 1.

1546 **Vogel's, E.** Vordringen bis zum Binnen.

Il donne pour position astronomique de la ville Fellata Jacoba 10°, 47' 30" Lat. Nord ; 9° 28' 0" Long. E. de Greenwich.

1547 **Zweifel** et **Monstier**, Expédition C. A. Vermnick. Voyage aux sources du Niger, 1879, 8°, 164 p. *avec cartes*. Paris, Challamel, 1880. Bull. Soc. Géogr. Marseille, 1880, n° 7-9.

Lac Tschad.

Bornou ; — Wadai ; — Kouka-Niger ; — Binué.

1548 **Gumprecht, T. E.** Ueber Dr. Barth und Dr. Overweg's Untersuchungsreise nach dem Tschad See und in das Innere Africa's. Berlin, Monatsbericht, Ges. Erdk., IX, 1852, p. 189-329.

Afrique en général.

1549 **Aboul Hhassan-Ali**, Traité des instruments astronomiques des Arabes, intitulé : Collection des commencements et des fins. Paris, 1835-1836 ; 2 vol, 4°. B. R. B. — O. R. B. — U. L.

1550 **Adams**, Histoire des explorations africaines. Bull. Soc. Belge. Géog., 1877, nº 1, p. 67-92; nº 2, p. 133-159 ; nº 3, p. 267-298 ; nº 4, p. 399-419.

1551 **Adams, H. G.** Dr. Livingtone, his life and adventures. London, Houlston et Wright, 1857.

1552 **Afrika.** Geographische Litteratur 1861, p. 166, 242, 325 et 366, G. M. P.

1553 — — Weltliche u. natur. histor. Bemerkung. u. Gesch. d. Afrikan. Colonien. 4 Thle. m. vielen Kpfr. Pesth, 1816. H.W. Schmidt, Halle, 1878.

1554 **Afrique.** Remarques d'un voyageur sur la Hollande, l'Allemagne, l'Italie, l'Espagne, la Portugal, l'Afrique, le Brésil et les isles de la Méditerranée. La Haye, 1728.

1555 **Akkas, Les** — — ou nains de l'intérieur de l'Afrique. S. P. T., 3 juin 1876.

1556 **Alegambe, P.** Heroes et Victimae. Charitatis Societatis Jesu. Africa. 4º, Roma, 1658.

1557 **Andrée, R.** Die Steinzeit Africa's. Globus, 1882, XLI, nº 11.

1558 **Antognoli, A.** Un lucchese in Africa. 16º, 28 p. Lucca, Rocchi, 1878.

1559 **Alvarez, Fr.** Ho Preste Joam das Indias, verda dora informaçam das terras do Preste Joam. Cambra, 1540.

1560 **Arentz, K.** Die Entdeckungsreisen in Nord-und Mittel-Afrika von Richardson, Overweg, Barth und Vogel, *avec* 1 *carte*. Leipzig, K. B. Lorck, 1857.

1561 **Armand, P.** Voyage du Dr O. Lenz. Explor., XI, nº 219, p. 617-622.

1562 — — Le dernier voyage de Brazza. Suppl. B. S. G., Marseille, 1882, nº 7, p. 239-247.

1563 **Bainier, P.** Les transports par chariots dans l'intérieur de l'Afrique. B. S. G. M., mai-juin 1878.

1564 — — La Tsetsé (mouche) E*, 1878, nº 84, p. 386-389.

1565 **Banning, E.** L'Afrique et la conférence géographique de Bruxelles, 8º, 150 p. Bruxelles, Muquardt, 1876.

1566 **Barine, A.** L'Afrique d'après les découvertes récentes. R. S., 1878, n° 245-247.

1567 **Barth, H.** Reisen und Entdeckungen in Nord-und Central Afrika in den J. 1849-1855. 8°, Gotha, J. Perthes, 1860.

Tagebuch seiner im Auftrag der Brittischen Regierung unternommenen Reise, Bd II. Mit Karten, Holzschnitten und Bildern.

1568 — — Reisen und Entdeckungen in Nord-und Central Afrika in den J. 1849bis 1855. Gotha, 1858.

1569 — — Im Auftrag der Brittischen Regierung imternommene Reise. 1 Bd. mit Karte, Holzschnitten und Bildern, avec note de A. Petermann dans les « Geogr. Mitth. de 1857, page 154.

1570 — — Reisewerk. (Ses voyages ont été écrits en deux ouvrages originaux, l'un en Anglais, chez Longman à Londres, l'autre en Allemand, chez J. Perthes, Geogr. Anstalt à Gotha, *avec carte.* Geog. Mitth. (Notizen), 1855, page 207.

1571 — — Reisen und Entdeckungen in Nord-und Central-Afrika in den Jahren 1850-1855, mit Karten, Hamburg., 1855.

1572 — — Reisewerk, Geog. Mitt. Pet. 1856, page 342.

1573 — — Voyages et découvertes dans l'Afrique. Bruxelles. Lacroix, 1861.

1574 — — Lotgevallen en ontdekkingen op eene reis in Afrika, 8°, 1861, 's Hertogenbosch, Muller.

1575 — — Das neue Unternehmen des H. V. d. Decken. Z. Al. E. N. F. XVIII, 1865, p. 54-60. G. M. P., 1865, p. 266.

1576 **Beccari, G. B.** Di alcune resultanze della nostra Spedizione d'Africa. 8°, 24 p. Giovanni, Righi, 1878.

1577 **Beeton, S. O. et Smith, R.** Livingstone and Stanley. An account of Dr Livingstone 's early career, his travels and discoveries. Also a Sketch of the modern explorations of the Nile, and M. Stanley's mission to Africa, 8°, 104 p. avec illust. London, Ward, 1872.

1578 **Beke, Ch. T.** Monuments of the Discoveries of the Portuguese in Africa. T. A. 1870, sept. 10, p. 343.

1579 **Beltrame, G.** Il fiume Bianco e i Denka, 16°, 324 p., *avec carte,* Verona, 1881, 1 vol. in-12, Munster, 1881.

1580 **Beltrame, G.** Arrivo a Singè. (Capitolo d'ell opera inedita. B. S. G. Italienne, 1879, nº 4, p. 151-167.)

1581 **Beltran, J. Rospide, R.** Africa en 1881. 8º, 64 p., *avec carte*. Madrid, 1882.

1582 **Berlioux, E. F.** La traite orientale ; histoire des chasses à l'homme, organisées en Afrique depuis quinze ans pour les marchés de l'Orient. 8º, 362 p., *avec carte*, 1870.

1583 **Bertillon,** Les races sauvages. Les peuples de l'Afrique, etc. Paris, 1 vol., 8º, Masson, Edit.

Bochimans, Hottentots, Cafres, Nègres, Peuls, Nubiens.

1584 **Blechy, Amand.** L'Afrique au IVe siècle. 1 vol., in-8º de 192 p., avec fig., Limoges, Barbou, 1872.

1585 **Biot, J. B.** Recherches sur plusieurs points de l'astronomie égyptienne, appliquée aux monuments astronomiques trouvés en Egypte. U. L. Paris, 1823, in-8º.

1586 **Blaikie, W. G.** The personal life of David Livingstone, chiefly from his unpublished Journals and correspondance. 8º, 504 p., *avec carte*. London, Murray, 1880

1587 **Biasiutti, A.** Il continente dell' Africa. 16º, 61 p., Padua, Draghi, 1882.

1588 **Boblin, J.** Explication du Zodiaque de Denderah, des Pyramides et de la Genèse. Caen, 1861, 8º, A. R. B.

1589 **Bohn, E.** Matakong. (B. S. G. M. 1879, nº 3-5).

1590 **Bandinel, J.** Some account of the trade in Slaves in Africa, especially with Reference to the Efforts made by the Brit. Government for its extinction. L., 1842, 8º.

1591 **Bordier, D.** Création d'un service régulier de caravanes entre Djerba et le centre de l'Afrique. 8º, Paris, Challamel, 1881.

1592 **Boteler, Capt.** Narrative of a voyage of Discovery to Africa and Arabia, performed in H. M. S. « Leven » and « Barracouta » from 1821 to 1826. L., 1835-1836.

1593 **Brown,** Reisen in Afrika u. Egypten, übersetz v. Sprengel. Weimar, 1800. H. W. Schmidt, Halle, 1878.

1594 — — Reisen in Afrika, Aegypten u. Syrien in den Jahren 1792-1798, Leipzig, 1800. H. W. Schmidt, Halle, 1878.

1595 **Brunialti, A.** La Missione Guiletti e il Governo Italiano. Cosmos, 1882, VII, n° 1, p. 1-11.

1596 — — Le ultime explorazioni Africano e polari. 16°, 94 p. Rome, Forzani, 1877.

1597 — — L'Afrique secondo le recenti scoperte. Nuovo Antol. 1 nov. 1878.

1598 **Bruns**, Erdbeschr. Afrikas. 6 Bde. Francfort, 1791. H. W. Schmidt, Halle, 1878.

1599 **Bullock, T. A.** Wild Africa, the benighted continent of To-Day. 8°, 200 p. London, Heywood, 1880.

1600 **Buma, J. A. a** Argo Belgica sive de expeditione Belgica in Africa et America, etc. Daventriae, 1665 (?), poésie.

1601 **Burdo, A.** De l'avenir des établissements belges en Afrique. B. S. B. G. page 239, 1882

1602 **Burton's Baikie, Dr.** Die Englischen Expeditionen in Afrika. G. M. P. 1857, page 323.

L'intérieur de l'Afrique a été exploré par le Dr Baikie et le major Burton. Ce dernier est parti des côtes de Zanzibar pour l'intérieur. Il est arrivé à Fuga, 80 lieues des côtes, 4°, 48' lat S. et 35° 20 » long. E. de Paris.

Dr Baikie a quitté Sierra Leone pour Fernando-Po et les bouches du Niger.

1603 — — **Expeditionen**: Vorläufige Notizen, Auszüge aus Briefen, Nachrichten, zumeist mitgetheilt in den Proceed. d. G. G. London et autres publications périodiques. G. M. P. 1857, p. 423 et 526; 1858, p. 116, 254, 297, 346, 438, 470; 1859, p. 79 et 123; 1860, p. 44.

Ainsi que la carte du voyage de Burton et Speke.

1604 — — Notes on M. Stanley's Work. (Ocean Highw. Charts, mai 1873, page 52-59.)

1605 **Busnelli, V.** Viaggi, avventure e scoperte dei celebri esploratori. J. Franklen, Livingstone, Speke, Grant, Baker, Lejean, Hages, Bollot, etc. 8°, 382 p. Milano, Bestetti, 1875.

1606 **Buxton, G. Fowell**: The African slave trade and its Remedy, 1 vol. 8°, L. 1840, *avec 1 carte*, Leipzig, 1841.

Traduit en allemand par G. Julius avec une introduction de Ritter.

1607 C — — **M. A.** Histoire complète des voyages et découvertes en Afrique depuis les siècles les plus reculés jusqu'à nos jours. 4 vol. *avec cartes*. P. 1821.

1608 **Cambo Caleagno, D.** La regione degli akka; viaggio attraverso' Africa. 16°, 636 p., *avec 2 cartes*. Firenze, Barbera, 1878.

1609 **Camboni, D** Quadro storico delle scoperte Africane, 16°, 128 p., Verona, Giuseppe, 1880.

1610 **Cameron, V. L.** Briefe über seine Reise quer durch Afrika. Globus, Bd. XXIX, 1876, n° 6, p. 89-83.

1611 — — Reise quer durch Afrika, 1873-1876. Glob., t. XXXI, 1877, n° 20, p. 305-311; n° 21, p. 321-328; n° 22, p. 337-343; n° 23, p. 353-357; n° 24, p. 369-374.

1612 — — Across Africa. 775 p. London, Daldy et Isbister.

1613 — — A travers l'Afrique. Tour du Monde, 1877, n° 835, 836, 837, 838, 839, 865-870; Explorat. 1876, n° 65, p. 449-454; Cosmos. 1875-1876, vol. VI-VII, p. 245-267.

1614 **Campagne, E.** L'Afrique à vol d'oiseau. 12°, 96 p., Rouen, Meguard, 1882.

1615 **Capello e Ivens**, Explorationes en Africa. B. S. G., Madrid, VIII, n° 6, p. 485-497.

1616 **Champonnet, Col.** L'Afrique ancienne, actuelle et future. Bull. Soc. Géog. Lyon, II, n° 11.

1617 **Charmetant, P.** L'esclavage en Afrique, avenir de la colonisation, *avec carte*. B. S. G. L., janv. 1880.

1618 — — Etudes et souvenirs d'Afrique; d'Alger à Zanzibar. S. B., 8°, *avec carte*. Paris, 1881.

1619 **Chavanne, J.** Die mittlere Höhe Afrika's. M. K. K. G. G., Vienne, p. 340-377, *avec carte*.

1620 **Chavanne, J.** Afrika im Lichte unserer Tage. 8°. 184 p., *avec carte*. Vienne, Hartleben, 1881.

1621 **Cherbonneau, A.** Les peuplades voilées de l'Afrique. Drapeyron. R. G., mars 1881, p. 332-339.

1622 **Chetard, M.** Livingstone, Cameron, Stanley, 8°, 78 p., *avec 1 carte*, Paris, Mouillot, 1879.

1623 **Colas, A.** Renseignements géogr. sur l'Afrique Centrale et Occidentale. 8°, 86 p. Alger, Fontana, 1881.

1624 **Comboni, D.** Lettera. B. S. G. Italienne, 1881, n° 10, p. 756-760, *avec carte*.

1625 **Cooley, W. D.** Dr Livingstone and the Royal Geographical Society. 8°, London, Dulau, 1874.

1626 — — Notice of a Caravan Journey from the East to the West coast of Africa. J. R G. S., 1854, p. 266.

1627 — — Das land Milua uud sein grosser Fluss. G. M. P., 1857, p. 126.

1628 — — Inner Africa laid open, or an Attempt to trace the chief lines of communication across tho continent. 8°, London, 1852. G. M. P., 1855, p. 311 ; id. 1856, p. 19 et 483 ; id. 1858, p. 177 ; id. 1859, p. 482 ; id. 1864, p. 449.

1629 **Cooper, J.** Der verlorene Welttheil oder die Sklaverei und der Menschenhandel in der Gegenwart. Traduit par Soyaux. Berlin, Bohne, 1877. 8°, 71 p., *avec 1 carte.*

1630 **Cora, G.** Viaggio de P. Matteucci e A. M. Massari (Spedizione Massari) attraverso l'Africa, 1880-1881, Cosmos, VI, n° 12, *avec 2 cartes.*

1631 **Cordeiro, L.** Viagens exploraçoes e conquistas dos Portuguezas : 1574-1620. 8°, 33 p.

1632 — — 1593-1631. Terras e minas Afrikanas secundo. B. R. de Aragao, 8°, 24 p.

1633 **Czerny, F. V.** Die neueste Phase in der Geschichte der Afrika-Expeditionen. Geog. Rundschau, 1882, IV, n° 11.

1634 **Dapper, O.** Naukeurige beschryvinge der Afrikaensche gewesten van Egypten, Barbaryen, Libyen, Guinea, enz. Amsterdam, 1668, pet. fol., *avec cartes et plans.*

1635 — — Beschreibung von Afrika, III Band. Amsterdam, 1676.

1636 **Dardenne, E. J.** L'Afrique, (conférence publique). 8°, Andenne, Ramelot, 1877.

1637 **Decken, V. D.** Lettre au Doct. Barth, datée de Kiloa, nov. 1860 ; Z. A. E., 1861, p. 229; id., page 229-369 ; id., 1863, page 41 et 149.

Lettre de Zanzibar du 15 janv. 1863.

1638 — — Expéditions arrangées chronologiquement.

Lettre du Baron V. D. — à sa mère, datée de Kiloa, 7 oct. 1860. — Au docteur Barth, Zanzibar, 26 oct. 1860.

1639 **Decken, V. d.** Aus einem Brief des Herrn Baron — — an H. Prof. H. Barth, datée du 25 févr. 1865, de Zanzibar. Z. A. E. F N. xix, 1865, p. 153-155.

1640 — — Brief an H. Dr Heinr. Barth, datée de Mombas, 20 sept. 1862, et Wanga, 8 oct. 1862. Z. A. E., xiv, 1863, p. 41-47 et p. 348-351.

1641 **Delgeur,** Dr. Le voyage de Stanley à travers l'Afrique. B. S. G., Anvers, t. II, p. 30-62.

1642 **Delitsch,** O. Entdeckungen and Arbeiten aus dem Gebiete der Geographie im J. 1877, « Aus allen Welttheilen » Afrika, 1878, 9e année, t. 6, p. 245-248.

1643 — — Nachträge zu Gumprecht's Afrika. G. M. P., 1886, p. 318.

1644 **Desborough Cooley,** W. Joachim R. Graça's Reise zu dem Muata-Ya-Nvo in Inner-Afrika, *avec carte*. Geog. Mitt. Petermann, 1856, p. 309.

1645 **D'Escayrac de Lauture,** Cte. Mémoire sur l'état social de l'Afrique intérieure. 8o, Paris, 1856.

1646 **[illegible],** [illegible] La fête des tentes à Zagazig. M. C., 1882, xiv, no 671, p. 170-175.

1647 **Desvergers,** A. Noël. Histoire de l'Afrique sous la Dynastie des Aghlabites. P., 1841.

1648 **Deutsche Afrikaforschung.** Der gegenwärtige Stand der — — D. Ausl., 1882, no 32, p. 621-626.

1649 **Deloux.** Geographie physique, politique et économique de l'Afrique, etc., 12o, 208 p. Paris, Berlin, 1884.

1650 **Du Chaillu,** Afrikanische Sammlungen. G. M. P., 1860, p. 78.

1651 **Dujardey,** Résumé des voyages, découvertes et conquêtes des Portugais en Afrique et en Asie au XV et XVI siècle. 2 t., 8o, p. 1841.

1652 **Dumont d'Urville,** Histoire générale des voyages, comprenant le voyage autour du monde, formant 2 vol. Plus le voyage dans les deux Amériques, 1 vol. Voyage en Asie et en Afrique, 1 vol., en tout 4 beaux vol. in-8o, illustrés de 98 gravures sur acier, dessinées par Rouargue, et de 6 jolies cartes coloriées. Lebègue, Bruxelles, 1859.

1653 **Dutrieux, Dr.** La question Africaine au point de vue commercial. 8°, 59 p., Mons, 1880.

1654 **Duveyrier, H.** Note sur l'importance de l'exploration de l'Ahaggar. C. J. d. S. G. Paris, 1878, p. 618-620.

1655 — — Liste de positions géographiques en Afrique, continent et îles, 4°, 102 p. Paris, Soc. Géog., 1884.

1656 **Ebes, W.** Afrika, de slavenhandel en de Internationale Maatschappij ter beschaving en verkenning van Afrika; in-8°, 218 pages. Louvain, D. A. Peeters-Ruelens, 1883.

1657 **Eden, C.** Africa seen through its explorers. 8°, London, 1880.

1658 **Ehrmann.** Kunde von Afrika, 2 vol. *avec carte*, H. W. Schmidt, Halle, 1878.

1659 **Emin-Bey,** Ueber den Zustand der Seriben-Wirthschaft in der Rohlprovinz. D. A. 1882, n° 29, p. 568-571.

1660 **Erhardt, J.** Memoire zur Erläuterung der von ihm und J. Rebmann zusammengestellten Karte von Ost-und Central Afrika, nebst Bemerkungen von W. Desb. Cooley und A. Petermann. G. M. P., 1856, p. 19-32 et 483, *avec carte*, pl. 1.

1661 **Expédition Internationale.** Lettres de Cambier, Popelin, Carter, Van den Heuvel, Burdo, Roger, Cadenhead. Rapp. Assoc. Int. Afric., n° 3, p. 103-122 et n°s suivants.

1662 **Fayrer, J.** On the utilisation of the African Elephant. Nature, 1878, n° 473.

1663 **Febvé, Abbé.** Essai philantropique sur l'esclavage des nègres. M. S. P., p. 1.

1° Esclavage de peine ou en punition du crime.
2° » par le droit de la guerre.
3° » par la vente de soi-même.
4° » par la vente qu'un père fait de son fils.
5° » par la naissance.
6° » par la surprise.
7° » par la perfidie et la violence.

1664 **Feuilleret, H.** Mungo Park, sa vie et ses voyages, 8°, 228 p. Tours, Mame, 1880.

1665 **Fischer, G. A.** Das Wapakomo-Land und seine Bewohner. Mitt. d. Geog. Gesell. Hamburg. 1878-1879, p. 1-57.

1666 **Flegel, E. R.** Reisebriefe. Mitth. Afrik. Gesell., II, nº 4, p. 183-193, *avec carte.*

1667 **Foote, A. H.** Africa and the american flag. w. 8 plates. New-York, 1854, H. W. Schmidt, Halle 1878.

1668 **Fritsch, G.** Die Afrikanischen Bewohner als Ur-Race. Z. F. E., 1880, nº 5, p. 289-301.

1669 **Gaffarel, P.** Les explorations françaises de 1870 à 1881. 18º, Paris, Cadot, 1882.

1670 **Galiano, P. A.** Memoria sobre Santa Cruz de Mar Pequena et y las pesquerias en la costa noroeste de Africa, 8º, 79 p., *avec 3 cartes.* Madrid, impr. Fortaret, 1878.

1671 **Gauthier, J.** Les missions scientifiques de France en Afrique. J. O. 1879, nº 45, 73, 98, 161.

1672 **Gavard, A.** et **A. Perier**, Vie et voyages du docteur Livingstone. 12º, 290 p. Paris, Delagrave, 187[illegible].

1673 **Gazeau de Vautibault, T. P.** La France au cœur de l'Afrique. B. S. G. Oran, 1879, nº 2, p. 39-45.

1674 **Geelmuyden, H.** Vor Tids geogr. op doagelser, fremstillede korthed met et kart over Afrika. Heft. I, 8º, 135 p. Christiania, 1880.

1675 **Genin, M.** Brazza et Stanley. Union Géogr. Nord France, nº 31, 32, 33, p. 123.

1676 **Genonceaux, L.** Les explorations de Stanley. B. S. B. G., 1877, nº 4, p. 427-431.

1677 **Geographie générale.** Description physique, politique, administrative, géogr., historique, topographie des lieux célèbres, histoire naturelle, caractères physiques des peuples, mœurs, coutumes, religions. Afrique. 2 vol. 8º, 1111 p. Bar-le-duc, 1875.

1678 **Gillmore, P.** On Duty, a ride through hostile Africa. 8º, 390 p. London, Chapman, 1880.

1679 **Giulietti, G. M.** Lettera e due disegni. B. S. G. Italienne, 1881, nº 12, p. 844-851.

1680 **Graça, J. J. da** : Projet d'une compagnie agricole et commerciale africaine. Soc. Géog., Lisbonne, 1878, 46 p.

1681 **Grant, J. A.** Comparative Sketch of what was known of Africa in 1830, with what is known in 1881. P. R. G. S., 1881, nº 11, p. 681-686.

1682 **Gravier**, Voyage de P. Soleillet à l'Adrar. B. S. G. N., juillet 1880, p. 193-229.

L'Adrar se trouve à hauteur du Cap Blanco, à la baie du Levrier au Sud de la province de Tiris-el-Chaura et au Nord de la prov. du Taganet entre le 19º et 23º Lat. Nord et 12º et 6º Long. E. Paris.

1683 **Greg, W. R.** Past and present Efforts for the Extinction of the African Slave trade. 8º, L. 1841.

1684 **Gros, J.** Les explorateurs contemporains de l'Europe. 18º, 277 p. Paris, Dreyfous, 1881.

1685 **Gumprecht**, Die Opfer Afrikanischer Entdeckungsreisen. Monatsberichte, Ges. f. Erdk. Berlin, VI, 1850, p. 73.

1686 — — Untersuchungen über die Geographie des Continents von Afrika, besonders in Beziehung auf die Etymologie der Namen. Monatsberichte der Ges. f. Erdk., Berlin, N. F., VII, 1850, p. 239-291.

1687 **Hamilton, A.** On the trade with the coloured races of Africa. J. S. S. L., mars 1868, p. 25-48.

1688 **Hahn, Th.** Early African explorations up to the end of the 16 th. century. C. Q. R., 1882, 1, nº 4, p. 689-714.

1689 **Haucal, Ibn.** Description de l'Afrique, traduite de l'arabe par Mac.-Guckin de Hane. J. A., III série.

1690 **Hellwald, F. V.** Die Afrika-Forschung der Gegenwart, 5. Unsere Zeit, 1878, nº 17.

1691 **Hennicke**, De geographia Africae Herodotea. Gtg. 1788. 4º, H. W. Schmidt in Halle, 1878.

1692 **Hubbe-Schleiden**, Famfam, A. A. W. XI, nº 1, ff.

1693 **Hue, F., Haurigot.** Nos petites colonies : St-Pierre et Miquelon, le Gabon, la côte d'Or, Obock, Mayotte, Nossi-Bé, Sainte-Marie de Madagascar. 18º, 351 p., *avec cartes*. Paris, Oudin, 1884.

1694 **Hunfalvy Janos**, Magyar Laszlo Dél Afrikai Leveley és naplokivonatai, *avec* 1 *carte*. Pesth, F. Eggenberger, 1857.

1695 **Hutley, W.** Uguha and its people. C. o. t. L. M. S., fév. 1881, p. 30-37.

Uguha se trouve à l'Ouest du Tanganika.

1696 **Hutton, C.** The tour of Africa, London, 1819-1821, 3 vol. in-8°.

1697 **Inner-Afrika**, Aus — — Globus, Bd. xxx, 1876, n° 11, p. 161-167; n° 12, p. 177-181.

1698 **Jacobs, Alfred**. L'Afrique nouvelle. — Récunts voyages. — Etat moral, intellectuel et social dans le continent noir. 1 vol. in-12, *avec carte*. Paris, Didier et C°.

1699 — — Les voyages du Dr Barth en Afrique et le monde noir. Revue des Doux Mondes, 15 juin 1858.

1700 — — L'Afrique nouvelle. 18°, 412 p. Paris, Didier, 1862.

1701 **Jedina, L. de**: Voyage de la frégate autrichienne, « Helgoland, » autour de l'Afrique, traduit par Vallée, ouvrage illustré de 97 gravures sur bois. Bruxelles, Muquardt, 1879.

1702 **Jehan le Prestre**. — En tête se trouve: « Cy finent la diversité das homer, des bestes, des oyseaux qui sont en la terre de Prestre Jean » Rouen, 1506.

1703 — — « Van die wonderlichede ende costelicheden van Pape Jans landen. » Thâtwerpe (A Anvers), en 1508.

1704 **Journal** d'un voyage sur la côte d'Afrique et aux Indes d'Espagne, Paris, 1730.

1705 **Jullien, M.** Voyage aux déserts de Scété et de Nitrie. M. C., 1882, n° 659-663, *avec carte*.

1706 **Kersten, O. Dr.** Die neuesten Nachrichten über die Schicksale der Expedition des Herrn Baron C. v. d. Decken. Vortrag, gehalten in der S. G. G. am 3 februar 1866 Z. G. E. B., I, 1866, p. 97-114. G. M. P., p. 160.

1707 — — Einige Resultate der v. d. Decken' schen D' Juba-Expeditionen, 1866, I, p. 265.

1708 — — Ueber diese letzte v. d. Decken' sche Expedition erschienen ferner Notizen, Briefe, Kurze Berichte, etc., in den Proceedings 1866, x, p. 28, 90 et 108; B. S. G., v. xi, p. 313. G., ix, p. 348; G. M. P., 1866, p. 66-77.

1709 **Kiepert, H.** Beiträge zur Entdeckungsgeschichte Africas. Berlin, Dietrich Reimer, 1874. 2 br. 8°, *avec cartes.*

1710 **Kinzelbach**, Auszug aus einem Berichte des Herrn —— über das Ende des Baron v. d. Decken. Z. G. E. B. III, 1868, p. 172.

1711 **Kirchhoff, A.** Was uns Stanley aus Africa heimbrachte. D. R., n° 10, p. 82-93.

1712 — — Neues aus Africa. B. f. L. U., 1879, n° 1 et 2.

1713 **Kremer, A. von** : Description de l'Afrique par un géographe arabe anonyme du VIe siècle de l'hégire. Vienne, 1852, gr.-8°. Z. K. K. Ak. w. Ph. H. C., 1852, VIII, p. 389.

1714 **Kalb, P. H.** Die Reisen der Missionäre.—Voyage des missionnaires en Afrique du 16e au 18e siècle. 2 vol. Ratisbonne, 1862, 8°.

1715 **Kunstmann, F.** Afrika vor den Entdeckungen der Portugiesen. München, 1853, 4°.

1716 **Ladislaus Magyar.** Seine beabsichtigte Rückkehr nach Europa und sein dreibändiges Reisewerk. G. M. P., 1858, page 170.

La 1re liv. comprend la description du pays de Kimbunda, compris entre le 8° et 15° lat.S. et 11° et 19° Long.E. physique, politique, ethnographie et statistique.

La 2e liv. Le pays de Man-Ganguella entre le 3° et 11° Lat. S. et 19° et 27° Long. E.

La 3e liv. le pays de Mombuella, sous la même longitude et le 20° de Lat. S.

Dans la 1re liv. il mentionne aux art. 1 Benguela et ses environs, 2, le voyage à Bihe, relations du peuple Kimbunda, ainsi que des observations sur la langue de ce pays. accompagné d'une carte de la côte entre le 9° et 14° Lat. S. et 12° et 19° Long. E.

1717 **Lanier, L.** Afrique, choix de lecture de géographie, accompagné de lectures et d'analyses. 12°, 920 p. *avec* 10 *cartes*. Paris, Belin, 1884.

1718 **Lannoy de Bissy, R. de** : Notice sur la carte d'Afrique au 1.2.000.000^e. Minist. Guerre, Service Géog. de l'armée franç., 8°, 35 p. Paris, 1882.

Il donne les positions suivantes :

	Lat. Nord	Long. E. de Paris		Altitude
Bafulabe	13° 47' 30"	13° 9' 33"	L' de Kersabiec, 1881.	117 mètres.
Kita	13° 2' 44"	11° 47' 30"	id.	358 »
Keniera	10° 57' 45"	10° 57' 52".	Desbordes id.	
Furtmage.				263 »
Mission «Derien.»				

1719 **Latomus, J.** Voyagie van N. Clenard na Africa in t' Jaar 1535. *avec* 1 *carte et grav*. Leyde, 1706. H. W. Schmidt in Halle, 1878.

1720 **Largeau,** Lettres, Le Globe 1877, t. XVI, L. 3, page 205-220.

1721 **Le Jean, G.** L'Afrique inconnue. *avec* 1 *carte*. 1862. (T. D. M., nº 115, page 173-175.)

1722 **Leonis,** Joannis, Africani, de totius Africae descriptione, quib. non solum Africae regionum insularum, etc. Antwerpiensis, 1556, H. W. Schmidt in Halle, 1878.

1723 **Lepitre, J. M. A.** De iis qui ante Vascum a Gama Africam legere tentaverunt. 8º, 121 p. Paris, Berche et Trabin, 1880.

1724 **Leprince,** Interprétation du Zodiaque de Denderah. B. R. B., 8º, Paris, 1822.

1725 **Leroy, M.** Second voyage de Stanley. S. G. C., 8 janv. 1882, U. G. N. F., Douai, page 702 ; 1881, nº 17 et 18.

1726 **Lesseps, F. de.** Mémoire sur les études de sondages entreprises par M. Roudaire en vue de l'établissement de la mer intérieure Africaine. (Comptes rendus, etc. Sciences. Paris, 9 et 30 déc. 1878.)

1727 — — Entretien à l'Exposition Universelle sur l'Association Internationale Africaine. 8º, 16 p. Paris, Pougin, 1878.

1728 **Letronne, J. A.** Discussion de l'opinion d'Hipparque sur le prolongement de l'Afrique au sud de l'Equateur. Journal des Savants, 1831, p. 476-545.

1729 **Le Vaillant,** Voyage dans l'intérieur de l'Afrique, 1780-1785. 2 vol, avec planches noircies et coloriées. Paris, 1780. H. W. Schmidt, Halle, 1878.

1730 — — Voyage dans l'intérieur de l'Afrique d. l. a., 1780-1785. 2 vol. Paris, 1790. H. W. Schmidt in Halle, 1878.

1731 — — Second voyage dans l'int. de l'Afrique. 3 vol., av. pl. 5 vol. Paris, 1795. H. W. Schmidt in Halle, 1878.

1732 — — Second voyage dans l'int. de l'Afrique, 3 vol., av. pl. Bruxelles, 1797. H. W. Schmidt in Halle, 1878.

1733 — — Reisen in das Innere v. Africa. 3 Bd. m Kpf. Frankfurt, 1797. H. W. Schmidt in Halle, 1878.

1734 — — Premier et second voyage dans l'intérieur de l'Afrique. Bruxelles, 1791-1797, 5 v. in-8º. B. R. B. nº 40272

1735 **Le Vaillant,** Voyage dans l'intérieur de l'Afrique. Stuttgart, 1835. H. W. Schmidt in Halle, 1878.

1736 **Litgeuws, W.** 19 jarige Reise door Europa, Afryca en Asia, *avec grav.* Amsterdam, 1694, 4°. H. W. Schmidt in Halle, 1878.

1737 **Livingstone,** Die neuesten Entdeckungen — — 's und ihre Bedeutung. Gaea, redigirt von H. S. Klein.

1738 — — Neue Missionsreisen. G. M. P., 1866, p. 317.

1739 — — Le dernier Journal de — — 1866-1873. Tour du Monde, XXX, 2e sem. de 1875, p. 1-96.

1740 — — Das Shiré-Thal u. seine Bewohner. Zeitschrift. f. Allg. Erdk., juin 1860.

1741 — — Neueste Schicksale und Entdeckungen. (Das Ausland, 1861, n° 19.)

1742 — — Stanley 's Forschungen in Inner-Afrika. Das Ausland, 1873, n° 8, p. 144 à 148.

1743 — — The new mission field, *avec* 1 *carte*. R. P. M., I, avril 1875, p. 126-130.

1744 — — Missions ; *avec* 1 *carte*. G. M., 1877, n° 8, p. 204-206.

1745 — — Ueber die gesellschaftlichen und politischen Verhältnisse der Afrikanischen Völkerstämme. Ausland, n° 8.

1746 **Loewenberg, J.** Cameron's Wanderungen quer durch Afrika, Leipziger Post und Ill. Z., 1876, n° 1717, p. 415-418.

1747 **Long, C. Ch.** Egypt, Africa and Africans, 8°, A. G. S., 1878.

1748 **Loriot, F.** David Livingstone et sa mission sociale. 18°, 350 p., *avec* 4 *cartes*. Paris, Charavay, 1881.

1749 **Lorsbach,** De J. Leonis Descript. Africae Herborn, 1801, 4°, H. W. Schmidt in Halle, 1878.

1750 **Macbrair, R. M.** The Africans at home ; 8°, *avec carte* et 70 illust. London, Longman, 1861.

1751 **Mager, H.** Chemins de Fer Africains. (A. H., 1879, n° 5, p. 253.)

1752 **Magyar, Laszló,** Erforschungen Inner-Afrika's. G. M. P., 1856, page 36-37.

1753 **Markham, C. R.** The Livingstone Search and Relief expedition, (Proceedings of the R. Geogr. Society, vol. XVI, n° III, p. 158-167.)

Présenté le 22 janv. 1872. Se rapporte à l'expédition Dawson, projetée à cette époque et exécutée sans succès un peu plus tard.

Voir les notes sur la même expédition, même ouvrage, p. 145, 184, 203, 225, 261.

1754 **Marno, E.** Lettres de Voyage. Mitth. K. K. Gesellsch. Wien W. 1874, p. 537-539; 1875, p. 92-74; p. 166-185; p. 291-304; *avec carte.*

1755 — — Reise in Afrika 1874-1876. M. K. K. G. W., 1876, n° 5, p. 326-328.

1756 — — Dritter Reisebericht aus Afrika, *avec* 1 *carte*. M. K.K. G. W. Bd. XIX, 1876, n° 3, p. 172-189.

1757 **Martin, L. G.** Espana en Africa, culpas o faltas del siglo XVII, que paga el XIX. (B. S. G. Madrid, 1879, VII, n° 1, p. 26 59.)

1758 **Massari, A.** Il mio Viaggio in Africa. Nuovo Antol, XXXI, n° 1.

1759 — — Viaggio de P. Matteuci e Massari, Spedizione Borghese, attraverso l'Africa, 1880-1881, *avec carte.* C. 1882, VII, n°, 2 p. 43-56.

1760 — — La traversée de l'Afrique de la mer Rouge au Golfe de Guinée. B. S. R. B. G., Bruxelles, 1883, VII, n° 6, p. 846-873.

1761 **Matteucci, P.** Ultime lettere. B. S. G. Italienne, 1881, n° 10, p. 727-756.

1762 — — Gli akka e le razze africane. 16°, 88 p., Bologne, Azzoguidi, 1878.

1763 **Mattews,** Reisen nach verschied. Theilen von Africa u. d. angrenzenden Eylanden u. Reise an d. westl. Küste van Capo Blanco Sierra Leona. 500 p., *avec cartes.* Leipzig, 1748. H. W. Schmidt, Halle, 1878.

1764 **Mauch, K.** Dritte Reise im Inneren von Afrika, 1868. G. M. P. 1868, p. 230.

1765 **Mendoça, de.** Jornada de Africa, Lisboa, 1607, in-4°.

1766 **Metten-Ledue,** La Belgique et le Portugal. Mutualité d'intérêts politiques et commerciaux, 1856, broch., in-8°. B. A. R. B., n° 4143.

Mémoire sur la possibilité de fonder en Afrique des colonies, etc.

1767 **Mocquet, J.** Travels and Voyages into Africa.

1768 **Moore, F.** Travels into the inland parts of Africa. London, 1738, in-8°, fig.

1769 **Muller, W. J.** Africanische Reise Beschreibung, 8°, 4 pl. Hamburg, 1675.

1770 **Nachrichten** von Dr Livingstone und R. Brenner, Theodor Kinzelbach 's Tod. G. M. P., 1868, p. 152.

1771 **Nachtigal's, Dr G.** Reisen in Afrika. D. A., 1874, n° 44-46.

1772 — — Travels *in* Africa, *avec* 1 *carte*. G. M., juin 1875, p. 178-179.

1773 — — Die Länder im Süden Wadai 's, *avec* 1 *carte*. Z. G. E. B., x, 1875, 2 Heft, 8°. Berlin, Friedländer, 1875.

Wadai se trouve dans le Soudan entre les Provinces du Bornu et le Darfour.

1774 — — Reisen im oestlichen Nord-und Central-Africa. I. Meine Mission nach Bornu. D. R., 1876, p. 45-67.

1775 **Nachrichten u. Mitth.** von L. Magyar. G. M. P., 1859, p. 353.

1776 **Nogueira, A. F.** A raça negra sob oponto de vista da civilisaçao da Africa. 8°, Lisbonne, 1881.

1777 **Notiz** über die Londoner Karte zu Burton's und Speke's Reisen. G. M. P., 1860, p. 45.

Pour ce voyage voir les cartes des G. M. P., 1859, table 15 et 20.

1778 **Notizen** zur Frage über die geschwänzten Menschen. G. M. P., 1861, p. 234.

1779 **Neumayer, G. Dr** Anleitung zu wissenschaftlichen Beobachtungen auf Reisen. Berlin, 1875.

1780 **Oberländer, R.** Livingstone's Nachfolger. Afrika von Osten nach Westen quer durchwandert von Stanley und Cameron, 8°. Leipzig, Spamer, 1878.

1781 **Osburn, W.** Monumental history of Egypt, as recorded on her temples, palaces and tombs, 2 vol. 8°, pl. color, 1854.

1782 **Park, M.** Travels in inter. distr. of Africa 1795-1797, 2 vol. 1816. H. W. Schmidt in Halle, 1878.

1783 — — Life and travels. With a supplementary chapter detailing the results of recent discovery in Africa. 12°, London, Simpkin, 1864.

1784 — — Travels in the interior of Africa, Edimburg, Black, 16°.

1785 **Pasqua, Dr.** Le Dr Gerh. Rohlfs et l'expédition allemande en Afrique. Drapeyron. R. d G., sept. 1880, p. 215-221.

1786 **Paumier, H.** L'Afrique ouverte ou une esquisse des découvertes du Dr. Livingstone. Paris, 1858, Meyrueis et Cº, 18°.

1787 **Petermann, Dr.** Dr. H. Barth's Reise von Kuka nach Timbuktu. Nov. 1852 à sept. 1853. G. M. P., 1855, p. 3.

1788 — — Ankunft der v. Huglin'schen Expedition auf Afrikanischem Boden. G. M P., 1861, p. 159.

1789 — — Neue Nachrichten über Dr Vogel. G. M. P., 1861, p. 74.

1790 — — Ratschläge und Fragen an die Mitglieder von Th. v. Heuglin's Expedition nach Inner-Afrika. G. M. P., not. 1861, p. 84. Gotha, J. Perthes.

1791 — — Nachrichten von der Expedition des Baron v. d. Decken. G. M. P., p. 267, année 1865.

1792 — — v. Krockow's Rückkehr aus Afrika. G. M. P., p. 306 et 365.

1793 — — Neueste Briefe von G. Rohlfs und Rückblick auf seine bisherigen Reisen in Afrika in den Jahren 1861 bis 1865, *avec carte*. G. M. P., 1866, p. 3, p. 8 et 66.

1794 — — Ch. John Andersson. G. M. P., 1868 p. 257.

1795 — — Die Erforschung Afrika's mit Hülfe von Elephanten. G. M. P, 1878, nº 24, p. 405-406.

1796 **Petherik, J.** Progress of discovery in Africa. (Meliora, July, 1860).

1797 **Piaggia, C.** Lettera Africa. Exploratore, 1882, nº 1, p. 23 24.

1798 **Pogge**, Ueber die Verwendung von Elephanten bei Afrika-Reisen und Anlage von Stationen. (G., 1879, Bd. xxxv, nº 8, p. 119-121).

1799 — — Reisebriefe. Afrika. M. d. A G., 1882, III, nº 2, p. 146-149.

1800 **Potagos**, Dix années de voyage en Asie et en Afrique équat. T. I, 8º, 416 p, *avec carte*. Paris, Leroux, 1885.

1801 **Prisse d'Avennes, E.** Monuments Egyptiens, pour faire suite aux monuments de l'Egypte par Champollion, atlas fº, frontispice coloré, 50 pl. col.

1802 **Rabaud, A.** Utilisation des éléphants en Afrique. (B. S. G. Marseille, 1879, nº 3-5.)

1803 **Raemy, Ch.** L'Afrique d'après les explorations modernes. 8º, Neuchâtel, Sandoz, 1882.

1804 **Barros, J.** De Scheeps-togten der Portugysen in het jaar 1419 en vervolgens, *avec grav. et cartes*. Leyde, 1706. H. W. Schmidt in Halle, 1878.

1805 **Ravenstein, E. G.** Dr G. Nachtigal's explorations in Africa, 1869-1874. (Geogr. Magazine, octobre 1874, p. 277-282.)

1806 **Rayal**, Reisen der Portugiesen und Franzosen nach Afrika und Ostindien. Nuremberg, 1789. H. W. Schmidt in Halle, 1878.

1807 **Reade, W.** Savage Africa, being the narrative of a tour in Equatorial, South Western and North Western Africa, 8º, 608 p., avec illust. de Wolf et Zwecker, et 1 *carte*. London, Smith Elder et Cie, 1863.

1808 **Relationis** Historicae continuatio, ou description de toutes les conquêtes célèbres. Francfort, 1606-1614.

1809 **Remonstratie** by de W. Ind. Comp. jegens verscheyde memorie van den heer Charisius wegens de gepretendeerde Deeutsche Africaensche Compagnie. Amsterdam, 1664

1810 **Report of the** Livingstone Expedition. L'expédition du Niger sous W. B. Baikie. Dr A. Roscher, Voyage dans l'Afrique Centrale. Geog. Mitt., 1859, p. 78.

1811 **Reuter, M. Capitaine.** Un retour au pays natal. Bruxelles, 1876.

1812 **Ritter, F.** Wanderungen durch Afrika, 8°, 52 p., Zurich, Orell Füssli, 1881.

1813 **Ritter,** C. Erdkunde. (Afrika, Hoch-Ost-u. West-Asien. Berlin, 1817-1818. H. W. Schmidt, Halle, 1878.

1814 **Rohlfs, G.** Beiträge zur Entdeckung und Erforschung Afrika's. 8°, Leipzig, Dürr, 1875.

Relations des années 1870–1875.

1815 — — Durch den dunklen Welttheil. von H. M. Stanley. W. M., nov. 1878, p. 195-211.

Ouvrage traduit en anglais et en français.

1816 — — Projet de voyage en Afrique. C. I. S. G. Paris, 1878, I. p. 612-615.

1817 — — Die Rohlf'sche Expedition. M. d. A. G. 1879, n° 1, p. 23-24; n° 2, p. 67-82; n° 3, p. 111-133.

1818 — — Neue Beiträge zur Entdeckung Afrika's, 8°, Cassel, Fischer, 1880.

1819 — — Syrten-Oasen. Abu-Naim, Audjila, Djalo und Schcherre, W. M., sept. 1880, 759-770.

1820 — — Reisebriefe M. d. A. G., t. II, n° 5, p. 236-247.

1821 **Rohling, Prof.** Die afrikanische Mission. W. V., 1879, n° 20.

1822 **Russeger,** Reisen in Europa, Asien u. Afrika m. Rücksicht auf d. naturwiss. Verhältnisse. 1835-1841, 4 Bde in 7 Thln. Mit Atlas u. Kpfr. Stuttgart, 1819. H. W. Schmidt in Halle, 1878.

1823 **Saint-Martin, A. J.** Notice sur le Zodiaque de Denderah. B. R. B., Paris, 1822, 8°.

1824 **Sangiorgio, C.** La colonia italiane in Africa nel passato e nel presente. E., 1881, n° 3, p. 98-104.

1825 **Savorgnan de Brazza, P.** Lettres de voyage. B. S. G. Paris, mars, 1881, p. 247-250; B. S. G. Italienne, 1881, n° 7, p. 519-528; E^r, t. XII, n° 233, p. 185-192; t. XV, p. 220-227.

1826 **Savorgnan de Brazza, P., et N. Ballay.** B. S. G. I., 1879, n° 2, p. 68-72, 1 *carte*.

1827 — — Globus, 1879, Bd., XXXV, n° 14, p. 215-222, 1 *carte*.

1828 **Scharpe, S.** The History of Egypt from the earliest times till the conquest by the Arabs, 2 vol. 8°.

1829 **Schiaparelli, L.** Sulla Circumnavigazione dell' Africa compiuta dai Fenici nel secolo VII a Chr. Cosmos, t. VI, n° 12, p. 401-409.

1830 **Schmitt et Berre, R. P.** L'exploration de M. Savorgnan de Brazza. Explor., XI, n° 215, p. 477-480. Mission catholique, 1881, n° 612, p. 85-87.

1831 **Schütt,** Die — — Expedition. *avec une carte.* M. A. G., 1879, n° 4-5, p. 173-207.

1832 **Schuver, J. M.** Voyage à travers l'Afrique. E°n T. XIII, n° 258, p. 158-160.

1833 **Schweinfurth, G.** Briefe an Prof. Dr A. Braun. Z. G. f. E. z. B., 6 Bd, ; 1871, 1 Heft.

1834 — — Der Afrika-Reisende. G., XVIII, n° 23-24, 1871.

1835 — — La vraie porte par laquelle la civilisation doit entrer dans l'Afrique. E, 1833, XVI, n° 336, p. 102.

1836 **Serpa Pinto, Maj.** How I crossed Africa, from the Atlantic to the Indian, ou comment j'ai traversé l'Afrique de l'océan Atlantique à l'océan Indien. T. d. M., XLI, n° 1055, p. 193.

1837 **Shergold Smith,** Expédition. C. M. I., mars 1877.

Donne les positions suivantes :	Lat. S.	Long. E. de Gr.
Tschungo, 11 1/2 E Mln da Mpwapwa	6° 19' 1"	36° 5' 40"
Ndege, 1er village dans le grand Ugogo	6° 19' 26"	35° 43' 30"

1838 **Shut, A.** Dr Livingston's neue Reise ins Innere von Afrika. G. M. P., 1856, p. 114.

1839 **Simval, A.** Les pionniers de l'inconnu. Essai sur les explorateurs modernes. Livingstone, Stanley, Nordenskjöld, Crevaux, Savorgnan de Brazza, Limoges, M. Barbou, 1884, 1 vol. in-4°.

1840 **Sketches** of the African Kingdoms and Peoples. S. f. P. ch. K. London, t. 12, 1860.

1841 **Slichtherst, H.** Geographia Africae Herodotea. 8°, Göttingue, 1788.

1842 **Soleillet, P.** Récent voyage en Afrique. B. S. G. Languedocienne, 1879, n° 3, p. 275-320.

1843 **Soleillet, P.** Souvenirs de voyage. B. S. G. C. P., 1881, n° 11, p. 277-285.

1844 — — Lettre sur l'Obock. B. S. G. N., juillet 1881, p. 256-257.

Possession Italienne qui se trouve à l'Ouest du détroit de Bab-el Mandeb.

1845 **Spedizione Italiana in Africa**, Lettere di Antinori, Cecchi, Chiarini, Léon des Avanchers. B. S. G. Italienne, 1881, n° 5.

1846 — — Lettere di Cecchi, Chiarini. B. S. G. Italienne, 1881, n° 10, p. 670-727, 1882, n° 2, p. 174-182.

1847 **Sumarakow, M.** Bilder aus Afrika und Asien. (En langue russe). 8°, 208 p. Petersburg, 1882.

1848 **Stanley, H. M.** How I found Livingstone. Coomassie and Magdala.

1849 — — The finding of Livingstone. 8°, 330 p., London, Hotten, 1873.

Edition donnant le texte complet des premières lettres et dépêches sur ces contrées, faites avec le concours de Livingstone sur ses récentes découvertes.

1850 — — A travers le Continent mystérieux, T. d. M., 1878. n° 913-916.

Traduction Italienne Cosmos, 1878, p. 363.
id. Allemande, Leipzig, Brockhaus, 1878.

1851 — — Through the Dark Continent, or the Sources of the Nile, around the great-Lakes of Equatorial Africa and down the Livingstone River to the Atlantic Ocean. London, Sampson Low, 1878. 2 vol. 8°, 1112 p., *avec* 10 *cartes* et 149 illustrations.

1852 — — Durch den dunkeln Welttheil. Ueberzetzung von Prof. Böttger. Leipzig, F. A. Brockhaus, 1878, 2 vol.

1853 — — Through the Dark Continent. 4 vol., 8°, Hamburg, Grädener, 1878.

1854 — — Wie ich Livingstone fand. Traduction. 8°, 342 p., Leipzig, Brockhaus, 1879.

1855 — — Cinq années au Congo, 1879-1884. Trad. de l'Anglais, *avec* 120 *grav. et* 4 *cartes*. Inst. Nat. de Géogr. Bruxelles.

1856 **Tully**, Narrative of a Ten Years' Residence at Tripoli in Africa, with an account of the domestic manners of the Moors, Arabs, Turcs. 4°, pl. color., 1816.

1857 **Waller, H.** Some results of fifty Years' exploration in Africa. P. R. G. S., 1881, n° 11, p. 686-691.

1858 **Stecker, E.** Reisebriefe. M. d. A. G., III, n° 1, p. 21-34, *avec carte*.

1859 — — Reisebriefe. M. d. A. G., III, n° 2, p. 135-136.

1860 **Steward, J.** African Papers. n° 1, Lovedale Livingstonia, 8°, 74 p., Edinburgh, Elliot, 1879.

1861 **Tagliabue, E.** Un viaggio forzato. E°, 1882, VI, n° 6, p. 227-235.

1862 **Thierry Mieg, Ch.** Six semaines en Afrique. — Souvenirs de voyage. Paris, 1877, in-8°.

1863 **Tyrlad, E.** Afrika, 1. Gr. 8°, Liège, 1878.

1864 **Ubersicht** von Rohlfs Reise durch Africa, 1866 bis 1867, G M. P., 1867, p. 372.

Cet article est très important pour les commerçants.

1865 **Valkenburg, S.** Brief van — — 's Gravenhage, 1665.

1866 **Vallemont, P.** Journal d'un voyage sur les côtes d'Afrique, etc. Amsterdam, 1723.

1867 **Van der Cruyssen, A. C.** Afrika, naar de beste bronnen, 18°, 144 p. *avec* 1 *carte*. Courtray, 1877.

1868 **Vigna dal Ferro, G.** Viaggi in Africa del colon. C. Chaillé Long. B. S. G. Ital., 1878, n° 8, p. 259-267.

1869 **Vivien St Martin**, Aperçu des résultats de l'expédition de MM. Burton et Speke. A. G., t. I, p 48.

1870 — — 2e sem. R. G., 1874. T. d. M., XXVIII.

Donne un aperçu des nouveaux voyages africains.

1871 **Vogel, E.** Traurige Nachrichten von — — G. M. P., 1857, p. 323.

1872 **Voyages (Les) célèbres.** Aventures et découvertes des grands explorateurs. B. Franklin, G. Lambert, Livingstone, Speke, Grant, Baker, Duveyrier, C. Lejean, Burton, Stanley, Dixon, 4° à 2 col., 320 p. Paris, Polo, 1875.

1873 **Vulliet, A.** Scènes et aventures de voyage, histoires et récits destinés à intéresser à l'étude de la Géographie. Récits sur l'Afrique. Paris, Meyrueis et Cº. 18º.

1874 **Walckenaer, C. A.** Histoire générale des voyages (Afrique). Paris, 1826-1831, 8º, 21 vol.

1875 **Wauters, A. J.** L'éléphant d'Afrique. B. S. Belge G., 1880, nº 2, p. 150-186.

1876 **Wauwermans, H.** Nos explorateurs en Afrique. B. S. G. Anvers, nº 4, p. 216-244.

1877 — — L'œuvre africaine dans ses rapports avec les progrès du commerce et de l'industrie. B. S. G., Anvers, t. II, p. 349-372.

1878 — — L'œuvre Africaine dans ses rapports avec les progrès du commerce et de l'industrie. Anvers, 1878, 8º, B. A. R. Brux. nº 3384.

1879 **Weber, E. V.** 4 Jahre in Afrika, 1871-1875, 8º, 2 vol. 455 et 580 p. 1878. Leipzig, Brockhaus.

1880 **Williams, Ch.** Narratives and adventures of travellers in Africa. 12º, London, Ward et Lock, 1859.

1881 — — Narratives and adventures of Travellers in Africa; New-York, Dick et Fitzgerald, 12º, 1860.

1882 **Wissmann,** Die Pogge-Wissmann'sche Expedition. M. A. G., t. III, nº 1, p. 70-80.

1883 **Woerman, A.** Ueber Tauschhandel in Afrika. M. G. G. Hamburg, 1880-1881, p. 29-43.

1884 **Zurla, P.** Dei viaggi e delle scoperte africane di Alvise da cà da Mosto. Venetia, 1815, in-8º de 132 pp.

Afrique en général.

Annexe.

1885 **Almeida, J. B. F de:** Apontamentes para a historia do estabelecimento da colonia S. Januario. B. S. G. Lisb., II, nº 6, p. 457-468.

1886 **Duparquet, P.** Voyage en Cimbébasie. Le fleuve Okavango. M. C., 1880, n° 582, *avec carte*; 1880, n° 589, p. 454-456.

Une expédition anglaise explora cette contrée sablonneuse en 1824, qui n'offre, d'après les rapports, aucune trace de végétation ni d'eau. Inhabitée.

1887 **Duparquet, P.** Cimbébasie. Afrique occidentale entre le Bambou-rougue et la rivière du Poisson. M. C., 1880, n° 570, p. 218-220.

1888 **Duro, C. F.**, Exploracion de una parte de la Costa Noroeste de Africa. B. S. G. Madrid, 1878, n° 4-5.

1889 **Gumprecht**, Die von Rebmann im östlichen Süd-Africa in der Nähe des Aequators entdeckten Schneeberge. B. M. G. E., VI, 1849.

1890 **Hertz, J. E.** Ueber Verwendung und Verbreitung der Kaurie-muschel, *avec carte*. M. d. G. G. H., 1880-1881, p. 14-28.

1891 **Maeder, M. F.** Le Lossouto. Le sol, les habitants et les habitations. (N. A. V., mars 1857.)

1892 **Minischalchi-Erizzo**, Les Akkas. Congrès Int. Sciences, Géogr. Paris, 1878, p. 299-305.

1893 **Moscones, D.** Kassala, abitanti, costumi, commercio. E^re, 1881, n° 12, p. 409-414.

1894 **Pogge, P.** Ueber die in Mussumba Zu gründende deutsche Station. M. d. A. G., t. II, n° 3, p. 134-141.

1895 **Révoil, G.** Voyage au pays des Medjourtines. *carte*. B. S. G. Paris, mars 1880, p. 254-270.

1896 **Rohlfs, G.** Colonisation in Cyrenaïka. Unsere Zeit, 1880, n° 7.

1897 **Schutt, O.** Der Kaiserin-Augusta Fall in West-Africa. G., XXXVII, n° 19, p. 295-297.

Iles, Archipels.

1898 **Afrique, Côte E.** Port de Zanzibar et ses approches, n° 3712. D. M. Paris, 1879.

1899 **Afrique, Côte E.** Ile et chenaux de Zanzibar, nº 3702. D. M. Paris, 1879.

1900 **Albrand,** Extrait d'un mémoire sur Zanzibar et sur Kiloa. Bull. Soc. Géogr. II, série X, 1838, p. 65-84.

1901 **Antichan, P.** L'Archipel des Bissagos ou Bijougas. R. d. G., nov. 1881, p. 371-377.

1902 **Avezac d',** Iles de l'Afrique, avec beaucoup de planches. Paris 1848, H. W. Schmidt, Halle, 1878.

1903 **Barker, Webb et Berthelot,** Histoire naturelle des îles Canaries. 3 tomes en 11 vol. gd. 4º, av. pl. noires et coloriées, Paris, Béthune, 1836-1851.

1904 **Barth, E. v.** Die Cape Verde 'schen Inseln S. Jago und Antao. D. A., 1878, nº 42, 45.

1905 **Beneden, Ch. Van.** Au Nord-Ouest de l'Afrique. Madère, les Iles Canaries, le Maroc. 18º, 113 p. Bruxelles, 1882.

1906 **« Bismarck »,** Aus den Reiseberichten S. M. S. — — Kapt. z. see Karcher. — Bemerkungen über die Insel St-Thomas und die West-Küste von Afrika. A. H., 1885, XIII, nº 12, p. 668.

1907 **Cameron, V. L.** Zanzibar ; its Past, Present and Future, Rev. Col. Int. 1885, nº 6, p. 417.

1908 **Capitaine, H.** L'Archipel des îles Gambier. E. 1879, nº 130, p. 212-216.

1909 — — L'île Magotte. E. 1878, nº 88, p. 497-505. 1 *carte.*

1910 **Courret, C.** A l'Est et à l'Ouest dans l'Océan Indien, Sumatra, Zanzibar, 18º, *avec carte.* Paris, Marescq, 1884.

1911 **Egries, J.-B.** L'île de Zanzibar, Revue de l'Orient, IX, 1851, p.290.

1912 **Frère, Sir Bartle.** The Sultan of Zanzibar. Zanzibar a Commercial power. M. M., juin et juillet 1875.

1913 **Guerin, V.** Sfax ; l'île de DJerba ; Gabes ; Kairouan ; Sousa. E., XII, nº 234.

1914 **Guillain,** Zanzibar et ses environs. (Nouv. ann. des voyages, mars 1857.

1915 **Hart.** « Imogene » besuchte im Januar 1834 Zanzibar. Aus Burton : Zanzibar, I, p. 45.

1916 **Jablonski**. Notes sur la géographie de l'Ile de Zanzibar. (Bull. Soc. Géogr. de Paris, nov. 1866.

Cette notice se porte sur la ville de Zanzibar, son commerce et son climat. Après 3 ans de travaux le Dr Serrar donne comme moyenne de température à Zanzibar 79° 15 ou 26.5° centig.
maximum » 89°
minimum » 73°

1917 **Johnston, K.** Notes of a trip from Zanzibar to Usambara. J. C. M., n° 9, p. 545-558, 1 *carte*.

1918 **Jonan, H.** Les Satellites de Madagascar. Les îles Comores et les îles Séchelles. (J. C. M., 1879, n° 22, ff.)

1919 **Kirchhoff, A.** Cameron 's Weg von Zanzibar nach Njangwe. D. vol. R. v., 1877, t. 2, 2e année.

1920 **Kirk**, On the Copal of Zanzibar. (Journ. Linnean Soc. f. Botany, vol. XI, n° 49, p. 1-4.)

1921 **Lafitau, J. F.** Histoire des découvertes et conquêtes des Portugais dans le Nouveau Monde. Paris, 1734.

Relatif à Madagascar.

1922 **Les îles fortunées** ou Archipel des Canaries, 2 vol. in-8, brochés. Hachette, Paris.

1923 **Loarer**, L'Ile de Zanzibar. Revue de l'Orient, IX, 1851, p. 290.

1924 **Marno, E.** Bericht über eine Excursion von Zanzibar (Saadani) nach Kao-Kiora. M. K. K. G. G. Wien, 1878, p. 353 426, 1 *carte*.

1925 **Michel, G.** L'île de San-Thomé. (B. S. G. Marseille, 1879, n° 3-5.)

1926 **Oldendorp, C. G. A.** Geschichte der Mission der evangelischen Brüder auf den Caraïbischen Inseln St-Thomas, St-Croix und St-Jean, von Joh. Jak. Bossart, 2 vol., Barby, 1777.

1927 **Oppermann, E.** Les Iles de Loos. B.S. G. Marseille, mai, juin 1878.

1928 **Owen, Capt.** Zanzibar and its Islands. Nautical Magazine, 1844, p. 193 et 270.

Il relève la position de Zanzibar et des îles environnantes.

1929 **Payet, E.** Simples renseignements sur l'Ile Bourbon, 8°, 244 p. St Denis, Damotte. 1878.

1930 **Pardo, L.** L'île de Fernando-Po. A. M. N., juin 1878.

1931 **Petermann, A.** Eine Besteigung des Clarence Peak auf der Insel Fernando. G. M. P., 1862, p. 151.

1932 **Quaas, E.** Stadt und Hafen Zanzibar 's Zeitsch. f.All. Erdk, VIII, 1860, p. 177-207.

1933 — — Die Bewohner Zanzibar 's. Zeitsch. f.Allg. Erdk. Bd. VIII, 1860.

1934 — — Die Szuris, die Kulis und die Sklaven in Zanzibar. Zeitsch. f. Allg. Erdk. 1860, IX, p. 421-460.

1935 — — Die Bewohner Zanzibar 's. Zeitschr. f. Allg. Erdk. Ap. 1860.

1936 — — Ueber die Insel Zanzibar und ihre Bewohner. Jahresber. der Schles. Geogr. Ges. zu Breslau, 1861. p. 71-76.

1937 **Rigby, C. P.** Das Gebiet von Zanzibar. Geog. Mitth. 1858, p. 254.

1938 — — Report of the Zanzibar Dominions. 8°, 33 p. Bombay, 1861.

1939 — — Das Gebiet von Zanzibar. G. M. P., 1861, p. 249.

Cet article contient :

Bornes; — La côte; — L'île de Zanzibar, la pointe N. Est située par 5° 42' Lat. S. et 39° 45' Long. E.; la pointe Sud par 6°27' L. S. et 39°27' Long. E. de Gr.; — Le canal entre l'île de Zanzibar et la terre ferme; — Description de Zanzibar; — Fleuves et aqueducs; — Population; — Colons des Indes; — Langue; — Education presque nulle; — Tribunaux; — Justice criminelle; — Police; — Prison; — Caractère de l'Arabe de Zanzibar; — Habillement; — Esclaves; — Climat; — Pluie; — Vent; — Climat du Continent; — Maladies; — La ville de Zanzibar à 60.000 habitants; — Moyens d'existence; — Fruits et Flore; — Animaux sauvages; — Les ports de Zanzibar; — L'Armée du Sultan; — La Marine: 3 frégates, 2 corvettes, 4 brick; — Douanes et droits d'entrée; — Location du sol; — Accises; — Le Commerce; — Exportation d'Ivoire, Gomme, Kopal; — Le Sesam; — Principaux articles d'importation; — La navigation; — Diminution du commerce français à Zanzibar et Aden; — Etablissements commerciaux; — Poids et Mesures; — Monnaies; — Navigation Intérieure; — Ports Principaux; — Ile de Pemba; — Les villes environnantes; — Conquête par les Arabes; — Conquête par les Portugais; — Domination de l'Iman D'Oman; — Protection anglaise sur Mombasa; — Domination de l'Inde sur Mombasa; — Richesse du Continent; — Etablissements Portugais — — à la côte Ouest.

1940 **Robinson, Ph.** Sokotora : The new field for Missionnary and Comm. Entreprise. 8°, 12 p., *avec carte*. London, Clowes, 1878.

1941 **Rochon**, Reise nach Madagaskar u. Ostindien, herausg. v. G., Förster, Berlin, 1793. H. W. Schmidt in Halle, 1878.

1942 **Scala, von**. Der Sklavenhandel Zanzibar 's. Der Welthandel III, 1871, p. 415.

1943 **Seychellen**. Ueber die Seychellenu nd Farquhar-Inseln im Indischen Ocean. (Ann. d. Hydrogr. 1870, n° 6, p. 301-304)

1944 **Smyth, A** L'Ile de Madère. 18°, 36 p. Paris, Baillère, 1878.

1945 **Succi, G**. Lo Zanzibar con i suoi possedimenti, il Suajli e le isole di Monfia e Pomba. Ere., 1880, n° 6, p. 202-204.

1946 **Zanzibar**. L'ile, sa nature, climat, description des côtes, *avec* 1 *carte*. A. H. M. M., 1875, n° 13, 14, 15, 16.

1947 — — *Avec* 1 *carte* G. M., juillet 1875, p. 208-209.

Climatologie,

Météorologie et Hygiène médicale.

1948 **Afrique centrale**, Climat de l' — — . Z. d. o. G. f. m., XIX juin 1884, p. 294-297.

1949 **Barral, F. A**. Le climat de Madère, etc. B. R. B. Paris, 1858, 8°.

1950 **Bestion, Dr**. Etude sur le Gabon ; son sol, son climat, ses habitants et ses maladies. Archives de Médecine Navale. Oct. 1881.

1951 **Borius, A**. Notice sur le climat du Gabon, d'après les observations de M. le Dr L. Vincent. A. S. M. F., 1881, n° 1.

1952 **Burton, F**. Observations météorologiques sur Harar, Afrique de l'Est (voir Burton F. dans: First Footsteps in East Africa. London, Longman et Cie, 1856.

1953 **Colombo**. Klima von Biskra. B. S. G. Constantine, 1885, Bd. III, p. 204.

1954 **Danckelman, A**. . Zur Klimatologie des Herero Landes. Z. O. G. f. M., 1878, n° 27.

1955 **Danckelman, A. v.** Die meteorologischen Beobachtimgen der Güssfeldtschen Loango-Expedition. 4°, 83 p. Leipzig, Frohberg, 1879.

1956 — — Mémoire sur les observations météorol. faites à Vivi, 4°, 92 p. *avec carte*. Berlin, Asher, 1884.

1957 **Delavaud, L.** Notes sur le climat de l'Afrique. B. S. G. Anvers, VI, n° 3, p. 169-194.

1958 **Dutrieux, Dr.** Etude sur les maladies et l'acclimatement des Européens dans l'Afrique intertropicale. Rapp. Assoc. Int. Africaine, n° 3, p. 122-153.

Avant propos; — Fièvre Africaine; — Prophylaxie; — Traitement; — Dyssenterie; — Acclimatation Pathologique.

1959 — — Note sur une affection parasitaire observée dans l'Afrique orientale. Assoc. Int[le] afric., 3 avril 1879.

1960 **Gamble**, Klima der Kapkolonie. Oesterr. Meteor. Ztschr. 1885, vol. XX, p. 394.

1961 **Guide** hygiénique et médical des voyageurs dans l'Afrique intertropicale, publié par la S. G. Paris, 8°, 99 p. Paris, Martinet, 1881.

1962 **Hann, Dr J.** Klima von Senegambien. Z. O. G. M., 1875, n° 24, p. 373-381. Paris, 1875.

D'après les recherches sur le climat du Sénégal du Dr Borius.

1963 **Horton**, Climate of the West Coast of Africa. Geog. Mitt. litt., 1868, p. 34.

1964 **Lombard, Dr.** Traité Climatologie médicale; comprenant la météorologie médicale et l'étude des influences physiologiques, pathologiques, prophylactiques et thérapeutiques du climat sur la santé, tomes I et II. Paris, 1877; 2 vol. in-8°. O. R. B. Catalogue n° 3900.

Tomes III et IV n'ont pas encore paru.

1965 **Rey, H.** Notes sur la géographie médicale de la côte occidentale d'Afrique. B. S G. P. 1878, mars, p. 229-247. 8°, 82 p. Paris, Delagrave, 1878.

1966 * * * Strenge Kälte in Afrika. G. M. P., 1866. p. 119.

Climatologie,

Météorologie, Hygiène médicale. — (Suite).

Extrait du Catalogue des Ouvrages d'Astronomie et de Météorologie Préparé et mis en ordre à l'Observatoire Royal de Bruxelles, 1878, p. 391 à 393.

1967 **Abbadie, A d'.** Observations relatives à la physique du globe faites au Brésil et en Éthiopie, rédigées par R. Radau. Paris, 1873; in-4°. — O. R. B.

1968 — — Sur le tonnerre en Éthiopie. [Paris, 1862]; in-4°.

1969 **Barral, F.-A.**, traduit du Portugais par P. Garnier. Le climat de Madère et son influence thérapeutique sur la phthisie. Paris, 1858; in-8°. — B. R. B.

1970 **Bulard, C.** Observations météorologiques faites à l'Observatoire d'Alger. Janvier et février 1871. Alger, 1871; in-8°. — A. R. B.

1971 *** Description de l'Égypte, ou recueil des observations et des recherches qui ont été faites en Égypte pendant l'expédition de l'armée française. (Ouvrage publié sous la direction de M. Jomard). 2e édition. Météorologie. Paris, 1824; in-8°,—E. G.

1972 **Desjardins, J.** Observations météorologiques faites à Flacq (ile Maurice) pendant les six derniers mois de 1836 et pendant l'année 1837. 2 feuilles in-plano. — E. G.

1973 — — Notes sur ses observations météorologiques. Port-Louis, 1837; 1/4 feuille in-8°. — E. G.

1974 — — Atmomètre; observations sur l'évaporisation, faites au quartier de Flacq (ile Maurice), pendant l'année 1837, Feuille in-plano. — E. G.

1975 **Fritsch, K.** Meteorologische und klimatographische Beiträge zur Kenntniss der Canarischen Inseln. Vienne, 1866; in-8°.—E. G.

1976 **Haughton, J.** Rainfall and evaporation in St. Helens. Dublin, 1862; in-8°. — A. R. B.

1977 **Jomard, E.-F.** Remarques sur le nombre de jours de pluie observés au Caire. Paris, 1839 ; in-4°. — A. R. B.

1978 **Lys, J.-M.** Observations thermométriques faites à Pretoria(Transvaal) en 1875-1876. MS. in-fol. — O. R. B.

1979 **Mason, J.-A.** A treatise on the climate and meteorology of Madeira, to which are attached a review of the state of agriculture and of the tenure of land, by G. **Peacock**, and an historical and descriptive account of the Island and guide to visitors, by J. **Driver**. Londres et Liverpool, 1850 ; in-8° — O. R. B.

1980 **Meteorological Observatory, Mauritius.** Results of meteorological observations, taken in 1862 and 1863 at Port-Louis by C. **Meldrum**. 2 broch. in-fol. — O. R. B.

1981 — — Results of observations taken in 1871 at Pamplemousses by C. **Meldrum**. In-fol. — O. R. B.

1982 — — Meteorological observations, Mauritius, 1871 and 1872, by C. **Meldrum**. In-fol. —A. R. B. [1871] — O. R. B. [1872].

1983 — — Meteorological observations, Mauritius ; results of observations taken in 1874 by C. **Meldrum**. In-fol. — O. R. B.

1984 *** Meteorological observations taken at the Natal botanical Gardens, Durban, Port Natal, during the week ending July 22nd, 1876. In-plano. — O. R. B.

1985 *** Meteorological observations taken at Bryne, source of Illovo River, during the week ending July 21, 1876. In-plano. — O. R. B.

1986 *** Results deduced from meteorological observations made at certain stations in the colony of the Cape of Good Hope, in the years 1861-1868, and 1866-1867. 4 cah. in-fol. — O. R. B.

1987 **Royal Alfred Observatory, Mauritius.** Annual Report for 1875. Maurice ; in-fol. — O. R. B.

1988 — — Result of meteorological observations, taken during the year 1875, by C. **Meldrum**. In-fol. — O. R. B.

L'Observatoire Alfred est le nouvel établissement qui a remplacé l'ancien Observatoire météorologique de Port-Louis, Ile Maurice.

1989 **Royal Observatory, Cape of Good Hope.** Meteorological Register for January-March, 1870. In-4°. — O. R. B.

1990 **Sabine, E.** Observations made at the magnetical and meteorlogical Observatory a the Cape of Good Hope. Vol I. Londres, 1851 ; in-4°. — A. R. B. — O. R. B.

1991 **Sabine, E** Observations made at the magnetical and meteorological Observatory at St. Helens, Londres, 1847-1860 ; 2 vol. in-4° — A. R. B. — O. R. B.

Géographie Philologique.

Vocabulaires. — Dictionnaires.

1992 **African languages.** Clarke's specimen of Dialects in Africa. 8°, 1849.

1993 **Alliyace, P. de :** Tractatus de Anima, (Africa.) 4°, Paris. 1494.

1994 **Almeida da Cunha. J. d'.** As linguas de Africa oriental Portugueza. Bull. Soc. Géog. Madrid. I, 1881, n° 1.

1995 **Almkvist, H.** Die Bischari-Sprache (Tu Bedawie) in N. O. Afrika, 1 vol., 302 p. Upsala, Lundström, 1881.

1996 — — Die Bishari-Sprache in Nord-Oost Afrika. 4°, Upsala, Akad. Buchlandlung, 1886.

1997 **Aucher, P.** Grammar of Armenian and Englisch. Venise, 1832.

Pour élèves anglais.

1998 **Ballhorn, T.** Alphabete orientalischer und occidentalischer Sprachen, 8°, Leipzig, 1853.

1999 **Barth, Dr.** Der verlorene Sohn im Fellantschi (Sprache der Fellahs, Fulahs oder Fellatas.) Geog. Mith. (Notizen). 1855. p. 146.

2000 **Barth, H.** Sammlung Central Afrikanischer Vokabularien. Gotha, Justus Perthes, 1861-1862.

2001 — — Sammlung und Bearbeitung Central Afrikanischer Vokabularien. 2 Abth. Einleitung, Kap. 7-12. Analyse der Fufulde, — Sonyai-Logone, — Wandala, — Bagrimma, — und Maba-Sprachen, 4°. Gotha, Just. Perthes, 1863.

2002 **Barth, H.** Central-Afrikanische Volkabularien. 3ᵉ Abteilung. G. M. P., 1866, p. 315.

Sa mort est une grande perte pour la linguistique de l'Afrique, ainsi que pour l'Ethnographie.

2003 **Beamont, W. J.** Concise Grammar of the Arabic language. 12°, 1861.

2004 **Beurmann, V.** Glossar der Tigre-Sprache. Geog. Mitth., 1868, p. 185.

2005 **Bleek, W. H. J.** The languages of Mozambique. Vocabulaires of the dialects of Lourenzo Marques. Inhambasse, Sofala, Tette, Sena, Quellimane, Mozambique, Cape Delgado, Anjoane, The Maravi, Mudsau. London, Harrison, 1856.

2006 **Bowen, T. J.** Grammar and Dict. of the Yomba languages (Africa). 4°, *carte*, 136 p. Washington, Smithsonian, Inst., 1858.

2007 **Boyce, W. B.** Grammar of the Kaffir Language. 8°, 3ᵉ ed., 1863.

2008 **Burton, F.** Vocabulaire de la langue Harari. London, Longman et Cᵒ, 1856.

Voir Burton, F. dans : « First Footsteps in East Africa, or an exploration of Harar. »

2009 **Catafago, J.** Arabic Dictionary. Syria, 2 vol. : vol. I, 466 p.; vol. II, 630 p. Voir Atheneum, janv. 29. — 1859.

2010 **Clarke, J.** Specimen of dialects and notes of Countries and customs in Africa. London, 1848, p. 77.

2011 **Cust, R. N.** A Sketch of the modern languages of Africa, 2 vol., 8°, 566 p., *avec carte*. London, Trubner, 1883.

2012 **Delaporte, P. H.** Vocabulaire de la langue Ponga parlée au Gabon. M. S. E., t. II, 2 parties, p. 197-203, Paris, 1845, 8°.

2013 **Dubois, L.** Les races et les langues de l'Afrique. C., 25 décembre 1862.

2014 **Erhardt, J.** Vocabulary of the Enguduk Hoigob, as spoken by the Masai-Tribes in East-Africa Ludwigsburg, F. Riehm, 1857.

2015 **Erhardt, J.** Vocabulary of the Enguduk Iloigob, as spoken by the Masai-Tribes in East-Africa. Ludwigsburg, 1857. — Voir les Geog. Mitth., 1857, p. 222.

2016 **Faidherbe, Général.** Essai sur la langue Poul ; grammaire et vocabulaire, 8°, 131 p. Paris, Maisonneuve, 1875.

2017 **Forbes, D.** Grammar of the arabic language, 8°, 1874.

2018 **Freytagh**, Lexicon Arabico Latinem, 4 vol. in 2. 4°. Halis, 1830.

2019 — — id. id. Halis, 1837.

2020 **Froberville, E. de**: Analyse d'un mémoire sur les langues et les races de l'Afrique orientale au sud de l'Equateur. Ext. Soc. d'hist. nat. Maurice, 1846. Ap. p. 16.

2021 **Gumprecht, T. E.** Ueber den grossen Süd-Africanischen Volks- und Sprachstamm. Berlin, Monatsber. Ges. Erdk. VI, 1849. p. 142-191.

2022 — — Untersuchungen über die Geographie des Continents von Africa, besonders in Beziehung auf die Etymologie der Namen. B. Monatsb. G. E., VII, 1850, p. 239-291.

2023 **Hahn, H.** Grundzüge einer Grammatik des Herero (West-Afrika). Berlin, 1857.

2024 **Koelle, S. W.** Polyglotta Africana, f°. London, 1854, *avec carte* de A. Petermann.

2025 **Kraft, L.** Les langues et les peuples de la région maritime de l'Afrique australe. Ann. des voyages, 1849, IV, p. 285.

2026 **Krause, G. A.** Proben der Sprache von Ghat. 8°, *avec carte.* Mitth. der Riebeck'schen Niger-Exped. Chap. II, Leipzig, Brockhaus, 1885.

2027 **Le Berre, R. Père.** Grammaire de la langue Pongouée. Lisbonne, C. Miguel Borja.

2028 **Lepsius, R.** Nubische Grammatik mit einer Einleitung über die Völker und Sprachen Afrika's, 8°, Berlin, Besser, 1880.

2029 **Mitterrutzner, J. C.** Die Dinka-Sprache in Central Africa. 8°, Brixen. Teol. Verlags-Anstalt, 1866.

2030 **Muller, F.** Uber die Harari-Sprache im östlichen Afrika, 8°. Wien, Gerold's Sohn., 1864.

2031 **Muller, F.** Die Sprache der Bari, ein Beitrag zur afrikanischen Linguistik. 8°, Vienne, Gerold's Sohn, 1864.

2032 **Norris, E.** Grammar of the Bornu or Kanuri language. 8°, 1853.

2033 **Max Muller,** Proposals for a Missionary Alphabet. 8°, Leipzig, 1854.

2034 **Ménant, J.** Exposé des éléments de la grammaire Assyrienne. roy. 8°. Paris, 1868.

2035 **Norris, Ed.** Assyrian Dictionary, intended to further the study of the Cunei form Inscriptions of Assyria and Babylonia. 3 parts. 4°, 1868-1872.

2036 **Oppert, J.** Eléments de la Grammaire Assyrienne, 2ᵉ ed. Paris, 1868, 2 vol. 8°, 1868-1877.

2037 **Palmer, E. H.** Grammar of the Arabic language. 8°, 1874.

2038 **Paulitschke, Ph.** Ueber die Etymologie und Schreibweise einiger Geog. Namen Ost-Afrika's, 8°. 10 p. Progr. Gymn. Hernlas, 1884.

2039 **Prophetae** Majores et Minores, in dialecto linguæ Ægyptiacæ seu Coptica, edidit cum versione Latina. Henricus Tattam, 3 vol., 8°, Oxonii, 1852.

2040 **Reinisch, L.** Die Kunama-Sprache in N. O. Afrika, 8°, 90 p. Vienne, Gerold, 1881.

2041 — — Die Bilin-Sprache in Nord-Ost-Afrika. 8°, 138 p. Vienne, Gerold, 1882.

2042 — — Die Chamir-Sprache in Abessinien, II, G., 8°, Vienne, Gerolds Sohn.

2043 — — Die Quara-Sprache in Abessinien, I, 8°, Wien, id. id.

2044 — — Die Afar-Sprache. Sitzungsber. phil. hist. kl. k. Akad. Wiss. CXI, n° 1.

2045 **Riddel, A.** A Grammar of the Chinyanya-Language as spoken at Lake Nyassa with Chinyanya-English, and English-Chinyanya vocabularies. 16°, 150 p. Edimbourg, Maclaren, 1880.

2046 **Rougé, E. de :** Chrestomathie Egyptienne. 4 parties en 2 vol. in-fol., 8°, 15 planches. Paris, 1867-1876.

Contenant : 1° Introduction à la lecture des écritures Egyptiennes, 15 planches. — 2° Abrégé grammatical, la Stèle du Roi Piankhi-Meriamen.

2047 **Sacy, S. de.** Alfiya ; ou, la quintessence de la Grammaire arabe. Djemaleddin Mohammed, etc., 5 vol., 1830-1834.

2048 **Schrader,** E. Die Assyrisch-Babylonischen Keilinschriften, Kritische Untersuchung der Grundlagen ihrer Entzifferung, 8°, Leipzig, 1872.

2049 **Schuchardt, H.** Zur Afrikanischen Sprachmischung. Ausland, 1882, LV, n° 44, p. 867-869.

2050 **Stewart, D.** Practical Arabic Grammar, 8°, 1841.

2051 **Tattam, H.** Grammar of the Egyptian Language, with Young's rudiments of an ancient Egyptian dictionary. 8°, 1830.

2052 — — Lexicon Ægyptiaco — Latinum ex veteribus linguae. Ægyptiacæ monumentis, 8°, Oxonii, 1835.

2053 **Tindall, H.** Grammar and Vocabulary of the Namaqua Hottentot language. 8°, sd. Cape Town, 1860.

2054 — — Vocabulaire de la langue Botecudos Paris, 1846, 8°, B. A. R. Brux, n° 7011.

2055 **Wallmann, J. C.** Die Formenlehre der Namaqua-Sprache. Ein Beitrag zur Süd-Afrikanischen Linguistik, Berlin, 1857.

2056 **Wilson, J. L.** Languages of Africa. Bibliotheca Sacra. New-York. 1847.

2057 — — Comparative Vocabularies of some of the principal negro dialects of Africa. Journ. A. O. S. vol. I. Newhaven 1849. p. 337-381.

2058 **Winning, W. B.** Manuel of comparative Philology, in which the affinity of Indo-European languages is applied to History, 8°, 1838.

2059 **Wright, W.** Grammar of the Arabic language, translated from the German of Caspari, avec nombreuses additions. 2 vol. 8°, 1859.

2060 — — The same. 2 vol. 8°, 2e éd., 1874-1875.

2061 **Zeitschrift** für Aegyptische Sprache und Alterthumskunde, heraus, gegeben von C. R. Lepsius und H. Brugsch, complet depuis le commencement en juillet 1863 jusqu'à juin 1877, 14 vol. en 7 et 2 t. roy. 4°, planches avec fac-similés d'Hiéroglyphes. Leipzig, 1863-1877.

2062 **Zimmermann, J. Rev.** A grammatical sketch of the Akra or Gâ-Language, with some specimens of it from the mouth of the natives, and a Vocabulary of the same, with an appendix on the Adaume Dialect. Stuttgart, 1858. Geog. Mitt. Peter., 1859, p. 277.

(Langue de la Côte d'Or. Af. occ.)

Flore. — Botanique. — Zoologie.

2063 **Ascherson, P.** Note botaniche intorno ad alcune piante dell' Africa boreale atte alla concia delle pelli. E[re], 1882, VI, nº 10, p. 358-361.

2064 **Barth,** Beobachtungen über die wichtigsten Bäume Central-Africa's. G. M. P., 1856, p. 381.

Article sur la flore et les palmiers.

2065 **Bergius, P. J.** Descriptiones Plantarum ex Capite Bonæ Spei, 8 vol. 5 *planches rel.* Stockholmiæ, 1767.

2066 **Burmanni, J.** Rariorum Africanarum Plantarum decades X, 4 t. 100 plates, russia extra, joints, gilt edges, from the Marquis of Blandford's library. Amst. 1738.

2067 **Burmann, J.** Barior Africanarum plantarum, 10 decades c. 100 tab. aen. Amsterdam, 1738, 4°, H. W. Schmidt, Halle, 1878.

2068 **Ecklon, C. F. et C. Zeyher,** Enumeratio orchidearum, quas in Africa australi extra tropica collegerunt.

2069 **Fernando-Po,** Zur Pflanzen-Geographie von Afrika. Le Dr Kotschz. Geog. Mitt. p. 261.

Comprend la flore du Clarence pic dans l'île de Fernando-Po et des monts Cameron à la côte.

2070 **Guérin Méneville, F. E.** Description de divers Lycus nouveaux, provenant de l'Afrique, et rectification de la synonymie de plusieurs espèces de ce genre. R. Z., x, 1847, p. 220-229.

2071 **Harvey, W. H. and O. W. Sonder**, Flora Capensis: a Systematic Description of the Plants of the Cape Colony, Caffraria, and Port Natal, 3 tomes, 8 vol, 1859-1865.

2072 **Harvey's**, Thesaurus Capensis; or, Illustrations of the South-African Flora, being Figures and brief Descriptions of South-African Plants, selected from the Dublin University Herbarium, Vol. I and II, 8 vol. each with 100 plates, 1864-1866.

2073 **Hemsley, H. W. B.** Notice sur les productions végétales de l'Abyssinie. Trad. de l'Anglais par A. Preudhomme de Borre. Gand, 1869, 8°, B. A. R. Brux., n° 1193.

2074 **Mann, G.** On the plants of the temperate regions of the Cameroon Mountains and Islands in the Bight of Benin. Jour. proc. Linnean Soc. v. VII, p. 171-240. Geog. Mitt., p. 23, année 1865.

Ascension du Mont Clarence Peack aux Fernando, hauteur 9459 pieds. Les montagnes de Cameron, hauteur 13.100 pieds. (le pic Albert). Jusqu'à une hauteur de 7000, les montagnes Cameron sont très boisées.

2075 **Nees ab Esenbeck, C.** Florae Africae Australioris illustrationis monogr. Vol. 1, Glogau, 1841. H. W. Schmidt in Halle, 1878.

2076 **Pechuel-Loesche**, Die Vegetation am Kongo bis zum Stanley Pool. D. A., 1886, vol. LIX, p. 381 et 405.

2077 **Reinisch, L.** Kulturbilder aus Ost-Africa. B. z. W. A., 1878, n° 53-54.

2078 **Smith, E. A.** On a collection of Shells from Lake Tanganika and Nyassa. P. Z. S. London, 1880 et 1881.

2079 **Soyaux, H.** Vegetation-Skizze von der Loango-Küste. Zeitsch. d. Gesellsch. für Erdk., 1875. 1 Heft, p. 62-70.

2080 **Welwitsch, Fr.** On the botany of Benguela, Mossamedes, etc., in West-Africa. Journal de la Soc. Linéenne, v., n° 20.

2081 **Woermann, A.** Kulturbestrebungen in West-Africa. M. d. G. G. Hambourg, 1878-1879, p. 58-71.

2082 **Zarb, J. H.** Les spécimens botaniques colligés par le Dr Pfund pendant les expéditions égyptiennes au Kordofan et au Darfour. Gr. 8°, 40 p. Caire, Etat-major Général, 1879.

Aide-Mémoire.

Guides; — Vade-Mecum sur l'Afrique.

2083 **Abbadie, A. d'** : Préparation des voyageurs aux observations astronomiques et géodésiques. B. S. G. P., juillet 1880, nº 75-79.

2084 **Galton, F.** Hints to Travellers. London, 1878.

2085 **Herschel, J.** A Manuel of Scientific Enquiry. London, 1871.

2086 **Instructions** générales aux voyageurs. S. G. P., 1875.

2087 **Issel, A.** Istruzioni scientifiche pei Viaggiatori. Roma, 1875.

2088 **Jackson, Col.** What to observe, or the Travellers Remembrance, London, 1861.

2089 **Kaltbrunner, D.** Manuel du Voyageur, Zurich, 1879, Wurster; Paris, Reinewald; Genève, Georg; Milan, Naples, Hoepli.

Cet ouvrage réunit en un seul volume les renseignements, les indications utiles à toute personne qui veut se livrer à des observations sur une contrée et ses habitants.

Configuration du pays, géologie, sol, climat, hydrologie, flore, faune, population, races, langues, coutumes et usages.

2090 — — Aide-mémoire du voyageur. 8°, 525 p., *avec cartes*.

2091 **Murray, H.** Historical account of discoveries and travels in Africa. Edinburgh, 1817, 2 vol. in-8.

2092 **Nicolas, Lacaze et Signol**, Guide hygiénique et médical du voyageur dans l'Afrique centrale. 18°, Paris, Challamel, 1885.

2093 **Ternaux Compans**, Bibliothèque asiatique et africaine ou catalogue des ouvrages relatifs à l'Asie et à l'Afrique qui ont paru depuis la découverte de l'imprimerie jusqu'en 1700. 1 vol. 8°. P., 1841. Nouv. ann. des voyages, 1841, III, p. 102-111

2094 **Veth. P. J. et C. M. Kan.** Bibliografie van Nederlandsche boeken, brochures, kaarten over Afrika. A. G. G. A., 1875, nº 7, p. 300-311. T. A. G., 1876, nº 8, p. 350-385,

Cartographie et Planisphères.

2095 **Abbadie, A. d'.** Communication sur la carte du Tana par M. Stecker. S. G. Paris. Comptes Rendus, 1882, nº 7, p. 179-181.

2096 **Adam, E.** Cartographie du Tanganika. B. S. B. G., nº 2, 129-141.

2097 **Admiralty Chart, 1837.** The River Quorra from the town of Rabba to the Sea and a small portion of the River Tchadda, 1833.

2098 **Africa, West coast.** Garraway point to Growa point including Cape Palmas. 1. 81252, nº 1697. Hydr. Off. London, 1880.

2099 **Africa.** Map of Central and South Africa, published by A. B. C. F. M. 1.,3.500.000. Boston, 1880.

2100 **Afrique,** Carte d'une partie de l' — — Lyon, Roux, 1878.

2101 — — **Côte Est.** Cartes. Côtes E. d'Afrique. De l'Ile Pemba à l'Ile Mafia, comprenant l'Ile de Zanzibar, ses chenaux et ses atterrages, nº 3713. Paris, Challamel, 1880 et 1881.

2102 **Afrika-Karte,** Politische Uebersicht. Mars 1885, *carte* S. G. M. P (Aus Stielers Hand-Atlas).

2103 **Augouard, R. P.** Carte du Congo depuis son embouchure jusqu'à Stanley Pool. Missions Catholiques, 1881.

2104 **Bamberg, K.** Wandkarte von Africa. 1 : 5,300.000, 9 feuilles chrom. D. R. B. Berlin, 1882.

2105 **Barbier, J. J.** Carte spéciale des colonies où se porte actuellement l'action française, Cochinchine, Tonkin, Gabon, Ogôoué et Congo, Sénégambie et Haut Niger, Obock, Madagascar, 1 : 5.000.000. Nancy, Berger. Levrault, 1833.

2106 — — Carte de l'Afrique physique. 1 : 20.000.000. Paris, Challamel, 1880.

2107 **Berghaus, H.** Physikalische Wandkarte von Africa. 1 : 8.000.000. Chromolith. Gotha, J. Perthes, 1881.

2108 **Bizemont, de, Vte.** Les grandes entreprises géographiques. L'Afrique, *avec 3 belles cartes*. Bruxelles, Muquardt.

2109 **Bonnét, J.** Le tracé central du chemin de fer transsaharien. B. S. Geogr. Pour Nos Colonies. Alger, 1880, n° 3.

2110 **Burton, F.** Carte du Harar, des environs de Berbera et du pays des Somalis. London, Longman et C°, 1856.

Voir Burton, F. First Footsteps in East-Africa.

2111 * * * Caerte des Landschaps van de Goud-Kust in Guinea van Atsyn tot Ningo, *cartes*.

Manuscrit des archives Néerlandaises.

2112 **Capello et Ivens**, Carto do Curso do rio Zaïre de Stanley Pool ao oceano, 2 f. 1.408.000. Lisboa, ministerio de marinha, 1883.

2113 **Charmetant, R. P.** Carte de l'Afrique équat. M. C. Lyon, 1881.

2114 **Chavanne, J.** Karte von Central-Africa, 1.500.000. Vienne, Hartleben, 1881.

2115 — — Physikalische Wandkarte von Afrika, 1.8.000.000. Vienne, Hölzel, 1882.

Avec explications.

2116 — — Carte de l'Afrique équatoriale entre le Congo et l'Ogôoué, 1.2.000.000. Bruxelles, Institut Nat. Géog. 1884.

2117 **Congo-Muschi**. Original Karte des Gebietes der Muschi-Congo im Portugiesischen West-Afrika. Nach eigenen Aufnahmen gezeichnet von Dr J. Chavanne. G. M. P., 1886, IV, p. 44.

2118 **Cooley, W. D.** Map of Africa from the Equator to the Southern Tropic, publiée. en 1853, Journ. R. G. S. London, vol. 24, 1855.

2119 **Denhart, Clemens.** Original Karte des Aequatorialen Ost-Afrika zwischen Mombasa und Nyansa, mit Zugrundelegung der Tana fluss-Aufnahme. 1.2.000.000. Gotha, J. Perthes, 1881. Pl. I.

2120 **Desguin, P.** Carte de la route de Tanjo à Fa 's Maroc. Brux., 1870, *carte*, 1.500 000. B. A. R. Brux., n° XV J.

2121 **Friederichsen, L.** Karte des Handelsgebietes von West-Aequatoreal Afrika. 1.780.000. Hamburg. Friederichsen, 1879.

2122 **Graaa, A.** « Seekaerten van de Angolae Kusten, van Caap Negro tot de groote rivier van Congo. Kaffersee kusten, 1723. »

Manuscrit des Archives Hollandaises.

2123 **Graf, A.** Handkarte von Africa. 1/16.000.000. Geogr. Institut Weimar, feuille in-8°, (étui).

(Se trouve au Ministère des affaires étrangères, Bruxelles.)

2124 **Guillain,** Plan de Zanzibar, 1846. Planche 40 de l'atlas de Guillain. 1.10.000.

2125 — — Plan de l'île et des ports de Mombase, levé en 1848 par M. Guillain.

Dépôt des cartes et plans de la Marine n° 1297, planches 34 de l'Atlas de Guillain, 1.20.000.

2126 **Haardt. V. v.** Wandkarte von Afrika für den Schulgebrauch, bearbeitet nach Chavanne's Physikal. Wandk. 1.800 000. 4 feuilles. Vienne. Hölzel, 1878.

2127 **Habenicht, H.** Spezialkarte von Afrika; 10 blatt im Matasstab von 1: 4.000.000, Entworfen und bearbeitet von demselben, Bruno Domann und Dr Richard Lüddecke. Justus Perthes, Gotha, 1885.

2128 — — Atlas von Afrika. 50 kolorierte Karten auf 18 Tafeln, mit einem geographisch-statistischen Text. Hartleben, Vienne, Pesth et Leipzig, 1886.

2129 **Horsey, de F. R.** The African Pilot for the South-and East-Coasts of Africa, including the Islands in the Mozambique Channel L. 1864, 8°.

2130 **Inst. Cartogr. mil. Brux.** Carte générale de l'Afrique, d'après les dernières découvertes. 1 f. grand aigle. Lebègue, Bruxelles.

2131 **Johnston, K.** Africa with ethnological appendix by A. H. Keane, avec 4 cartes générales et 10 cartons, ainsi qu'une série de cartes des pluies, illustrations. Londres, Stanford, 1878.

2132 — — A New-Map of Africa. Edimburg-London, Johnston, 1879.

2133 **Carte du Congo** depuis l'Equateur jusqu'à l'Océan et la vallée du Niadi-Kwilu. 1 : 1.400.000. I. N. de Geogr. Bruxelles, G. M. P., p. 112, 1884.

2134 **Karte** von Inner-Africa nach den Forschungen von Richardson, Overweg, Barth und Vogel.

2135 **Kerremans**, Nouvelle carte des possessions européennes au Congo. Brux. Mass, 1885.

2136 **Kiepert, R.** Die Forschritte in der kartographischen Darstellung Afrika's im J. 1881. Z. G. E. Berlin, 1882, n° 2, p. 138-153.

2137 — — Ed. R. Flegel's Reise von Rabba nach Sokoto und zurück. 18 oct. 1830, 16 avril 1881, *carte*. 1.600.000. Berlin, 1882.

2138 — — Bemerkungen zu den Karten Baron C. v. d. Decken 's: 1. Z. f. Allg. Erdk. N. F. xv, 1863, p. 445-549. Memoire in den Geog. Mitt., 1864, Tafel 4 und p. 449, ff. publicirt enth.

1° Das schneegebirge Kilima-Ndjaro, aufgenommen auf seiner ersten Reise 1 : 500 000.

2° Vorläufige Skizze seiner zweiten Reise von der Afrikan. Ost küste zum Kilima-Ndjaro. 1 : 2.000.000.

2139 — — Politische Schulwandkarte von Africa 1 : 8.000.000, Chromolith. Berlin, D. Reimer, 1881.

2140 **Koch, A.** Carte du Gabon et Congo français, 1 : 2 000.000. Paris, Chalamel, 1885.

2141 **Landane ao Massabi**, Plano hydrographico 1: 100.000, Lisbonne, Comm. Cartogr., 1885.

2142 **Langhan, P.** Karte des südl. Abhanges des Kamerun-Gebirges nak Dr H. Zöller : 1 : 2.000.000. G. M. P., 1885. p. 449.

2143 **Lannoy de Bissy, R. de** : Carte d'Afrique, 1 : 2.000.000. Paris. Dépot de la Guerre, 1882.

62 feuilles photolithogr. Feuilles. 59 : ville du Cap, 23 : Freetown, 52 : Koumassie rendu avec le terrain, 31 : Monrovia, 24 : Segou Sikoro.

2144 — — Carte d'Afrique, 1 : 2.000.000. Dépôt de la Guerre, Paris, 1882, feuilles 54, 58, 59, 60.

2145 **Letts**, Map of South Africa. London, Letts, 1878.

2146 **Lupton-Bey, F.** Karte der obere Bahr-el-Ghazal nach den aufnabmen von — — im Dampfer, « Talahwin » nov. 1881, 1 : 500.000.—Elle indique comme variation magnét. 8°50'w.

2147 **Macqueen, J.** Map of Southern Central Africa. G. M. P., 1857. p. 275.

Il donne beaucoup de points situés entre l'Equateur et le 19° Lat. Sud.

2148 **Meissas, G.** Carte de l'Afrique. Paris, Hachette, 1878.

2149 **Moraes Sarmento, A. de.** Delta do Zambeze. 1 : 460.000. Porto, Ferreira de Brito, 1882.

2150 **Morch, J. O.** Studios. Cartografia dell' Africa, 11 p. Soc. Adriat. Sciences Natur. Trieste, t. III, n° 3.

2151 **Oliveira, A. A. d'.** Carta do Tracado dos Caminhos de Férro e das estra das e-tuadas e construidas no districto de Loanda. 1.400.000. Lisbonne, 1884.

2152 **Owen, W. F. W.** Chart of the Coast of Africa. Cap Delgado à Quilowa, n° 1808 ; Quiloa pointe à Chala pointe, 6°, 38' S à 4°, 23' S. de Zanzibar et Pemba, n° 664 ; Chala pointe, Kwyboobay, n° 1811. Geog. Mitth., 1864, p. 449 et pl. n° 36.

2153 — — Islands and Ports of Mombaza, n° 666 ; Zanzibar S. W. Coast and Harbour, n° 665 ; Melinda port, n° 667 ; Lamoo Bay and Harbour, n° 668 ; Patta, Knyboo Bays, n° 669 ; Cockburn, George and Chakchak, n° 1812 ; Latham Islands, n° 663 ; Rovurma river and View, n° 83 ; Mungulho River, Lindy River, n° 660. G. M. P., 1864, p. 449 et suivantes.

2154 **Paskaert** van Zee-custen van Angola en Cimbebas van Rivier de Galion tot Caep de Bona Esperança. Amsterdam, 1659, *avec carton* : la côte du Cap de Bonne Espérance.

2155 **Paulitschke, Ph.** Die Anfänge einer rationellen Kartographie von Africa bei den Italienern. Mitt. der K. K. Gesellsch. Vienne, xxv, 1882, n° 6, p. 294-308.

2156 **Petermann, A.** Karte des Gebietes zwischen den Nilquell' See 'n zur Uebersicht der Reise Dr Emid Effendi 's 1877, pl. 21. Gotha, J. Perthes.

2157 **Planisphère** des croyances religieuses et des missions chrétiennes. 1.25/0.95. Lyon, Missions cathol., 1883.

2158 **Pinto da Fonseca Vaz, J. Monteiro** Mappa do rio Zambese desde Oceano ate' Tete, com a designaçao de todos os confluentes Lisbonne, 1876.

2159 **Plon, E.** Carte du voyage de M. Ad. Burdo au Niger, au Benué (Tchadda) et chez les peuplades riveraines. Afrique Centrale, 8°, 292 p. Paris, Plon, 1880.

Se trouve dans l'ouvrage Niger et Benué par A. Burdo, avec dessins de C. Renard.

2160 **Ravenstein, E. G.** Map of Eastern Equatorial Africa between Lat. 10° N and 20° S and East of Long. 25°, published under the autority of the R. G. S. 1:1.000.000, t. 1, feuille 15, p. 19-25. London, Stanford, 1881.

2161 — — Map of Eastern Equatorial Africa between Lat. 10° N and 20° S and East of Long. 25°, publié sous les ordres de la R. G. S. of L. 1 : 1.000.000, Livraison, II, fl. 12, 13, 14, 16, 17, 18, London, Stanford, 1882.

2162 — — Sprachenkarte von Afrika or a language map of — — specialy prepared by E. G. — — from original sources to accompany « Modern languages of Africa by Robert Needham cust » 1883. G. M. P., 1884, p. 72-73, cah. II.

2163 — — Map of Eastern Equatorial Africa. 1 : 1.000.000, 1884.

2164 **Ritter, C. O'Etzel, F. A.** HandAtlas von Afrika in vierzehn Blättern. Berlin, Reimer, 1831.

2165 **Schweinfurth, G.** Bemerkungen zu der neuen Karte des Fayum, *avec carte*. Z d. G. f. E. Berlin, 1880, n° 2, p. 152-160.

2166 **S. G. M.** Kaart van de Kust van Angola, van Wyn de Palmbay tot cabo Negra, 1723. M. A. R. N.

Manuscrit des archives du Royaume Néerlandais.

2167 **S. G. M.**, Kaart van de Kust van Angola van Caap Bondo tot Caap St-Bras, 1723. M. A. R. N.

2168 **Senzy, Vallon et Gillet**, Plan de l'embouchure du Rio-Congo, côtes occidentales d'Afrique. Dépôt Marine. Paris, 1865 *avec cartes*.

Cours du fleuve, à partir de Zoonga-Campendi et la pointe de Legna (n° 2134).

2169 **Speke, Cap. J. H.** The Upper Basin of the Nile, from inspection and information, *avec* 1 *carte*. Journ. R. Geog. Soc. London, vol. XXXIII, 1863, p. 322-346.

Se distingue par ses cartes géographiques et astronomiques.

2170 **Stanley, H. M.** Map of the Lakuga 1.100.000; Map of the Alexandra Nile, 1.200.000. G. M., mai 1877.

2171 — — Reduction de sa carte originale du fleuve Congo. Gotha, J. Perthes. Table 23.

2172 **Sydow, E. V.** Wandatlas; n° IV, Afrika, 3e Edit. amél. avec texte, G. A., J. Perthes, Gotha.

2173 **Tunisie**, Carte de la — — 1.100,000 Beja Bizerte. Fernana, Gabés, Gafsa, Gueman, Kairouan, Kebilli, Le Kef, Negrine, Tunis. Dépôt de la Guerre. Paris, 1882

2174 **Vuillemin, A.** Nouvelle carte de l'Afrique et des îles qui en dépendent. Paris, Logerot. 1861.

2175 **Zanzibar**, Croquis de la passe Sud du mouillage de Zanzibar. Dépôt de la Marine. Paris, nº 1745.

2176 **Ziegler, J M.** Geographischer Atlas über alle Theile der Erde, bearbeitet nach der Ritter'schen Lehre. Würster. Zurich.

Ethnologie.

2177 **Avezac, d'. Col. etc.** Mémoires de la Société Ethnologique, t. I-II, 2 vol. 8 vol. *cartes et planches*. Paris, 1841-1845. — Quarith, Piccadilly.

These volumes contain extensive vocabularies of the Polynesian, Indian Archipelago, and various African dialects; with important articles on the Parsees, the Foulahs, the Yebous in Africa, etc. etc. by D'Avezac, Col. Julian, R. Jackson, Gustave d'Eichthal, W. F. Edwards, Pa·ie, Sabin Berthelot, and others, with fine plates illustrating the different types of heads.

2178 **Bargioni, U. U.** Note ethnografiche intorno al Tanganica. E°., 1884, VI, nº 10, p. 309.

2179 **Bertillon, A.** Ethnographie moderne, etc., les peuples de l'Afrique, etc., 1882. In-8°, avec 115 gravures. Lebègue, Bruxelles.

2180 **Burton, R.** Ethnological notes on M. du Chaillu. Explorations and adventures in Equatorial Africa. Trans. of the Ethnol. Soc. of London, 1861, p. 316-326.

2181 — — On the present State of Dahome. Trans. of the Ethnol. Soc. of London, VIII, 1865, p. 400.

2182 **Chaix**, Etude sur l'Ethnographie de l'Afrique, *avec 3 cartes*. B. Soc. Geogr. Genève, Mémoire, t. I, liv. I, 1860.

2183 **Crozals, J. de.** Peulhs et Foulahs, étude d'ethnologie africaine. Revue de Géographie, fév. 1882.

2184 **Hildebrandt, J. M.** Ethnographische Notizen über Wakamba und ihre Nachbarn. Zeitsch. für Ethnog., 1878, n° 5.

2185 **Johnston, K.** Africa. Based on Hellwald's « Die Erde und ihre Völker. With ethnological Appendix by A. H. Keane. 8°, 611 p., *avec* 16 *cartes*. London, Stanford, 1878.

2186 **Nachtigal, G.** Ethnologische Stellung der Tabu und Kanuri. Verh. d G. f. E. 1880, n° 9, p. 424-435.

2187 **Pechuel-Loesche, Dr.** Indiscretes aus Loango. Zeitschrift für Ethnologie, 1878, t. I, p. 17-32.

2188 **Pees, A.** Ein Ethnologisches Problem in Afrika. Allg. Zeit. Munich, 30 oct. 1884.

2189 **Poncet, J.** Notice géographique et ethnographique sur la région du Fleuve Blanc et sur ses habitants. Nouv. annal. des voyag., oct. 1863.

2190 **Rohlfs, G.** Die Art der Begrüssungen bei verschiedenen Neger stämmen. G. M. P., 1867, p. 333.

Très intéressant à cause des différentes manières de se saluer en Afrique.

2191 **Ruppell, E.** Reise in Abyssinien. 2 vol., 8° et 4°. Atlas de cartes et planches ethnologiques. Frankfort, 1838-1840.

2192 **Simon, G.** L'Ethiopie, ses mœurs, ses traditions, les églises monolithes de Lalibela. 8°, *avec carte*. Paris, Challamel, 1885.

2193 **Storms,** Le Tanganika, quelques particularités sur les mœurs africaines. Bul. S. Belge de Géogr., 1886, n° 3, p. 169.

2194 **Wilkinson, sir G.** Manners and customs of the Ancient Egyptians. 5 vol. 8°, illust. de 600 pl., 1847.

Anthropologie.

2195 **Dutrieux,** Notes d'anthropologie. A. I. A., Bruxelles, 1879, p. 85-98.

Ornithologie. — Zoologie.

2196 **Andersson, C. J.** Notes on the Birds of Damara Land and the adjacent countries of South-West Africa, edited with additional notes and Life by J.H.Gurney, 8 vol. *carte.* Quarith, Piccadilly, 1872.

2197 **Antinori, O.** Catalogo descrittivo de una collezione di Uccelli, fatto nell' interno d'ell' Africa, 1859-1867, 8 vol. Milan, 1864.

2198 — — e **Salvadori,** Catalogo degli Uccelli nel Mar Rosso, del Territorio dei Bogos, etc. etc royal vol. 3 coloured plates, Genève, 1873.

2199 **Deshayes,** (**G. P.**) Catalogue des Mollusques de l'Ile de la Réunion (Bourbon), 8 vol. 14 coloured plates, Paris, 1893.

2200 **Harris, Capt.** W. C. Portraits of Game and Wild Animals of South Africa, with descriptions of the Field Sports, complete in five parts, impl. folio 31 fine coloured lithographs 1840.

2201 **Hartlaub, G.** Beiträge zur Ornithologie West-Africa's, 11 pl. color., 5 t. 12s. Hambourg. 1852.

Le même volume (Tome II. der Abhandlungen von dem naturwissenchaftl. Vereine) contient : Schmidt, Kenntniss der Meerschlangen, 7 pl. — Das Gold der Goldküste von Weibel. — Die Gehirnnerven der Saurier, von Fischer, 3 pl.

2202 **Hartlaub, G.** Ornithologischer Beitrag zur Fauna Madagascar's, mit Berücksichtigung der Inseln Mayotta, Nossi-Bé und St.-Marie, sowie der Mascarenen und Seychellen, 8 vol., notes nombr. par un Ornithologiste éminent. Quarith, Piccadilly. Bremen, 1861.

2203 **Layard, E. L.** Birds of South Africa au 28° parall. Afr. Sud., 8°, Cape Town, 1867.

2204 **Levaillant, F.** Histoire naturelle des oiseaux d'Afrique. 6 vol. 4°, 300 pl. Paris, 1799-1808. (Voir Sonnini.)

2205 **Muller, J. W. d.** Description de nouveaux oiseaux d'Afrique. 4°, 20 pl., Stuttgart, 1853-1854.

2206 **Ornithologie, Papers.** Cape of Good Hope association for exploring Central Africa.

2207 **Rifaud**, Voyages en Egypte et en Nubie et lieux circonvoisins, 1805-1828, liv. 1-36 (tout est publié), atlas f° cont^{t} 170 pl., 22 en couleurs de Poissons, Insectes et Botanique. Paris, 1830.

Politique.

2208 **Cunha de Azevedo Coutinho, J. J. da.** Politischer Versuch über den Handel Portugals und seiner Colonien. 8°, Hamburg, 1801.

Traduit du portugais par K. Murhard.

2209 **Livingstone**, Ueber die gesellschaftlichen und politischen Verhältnisse der Afrikanischen Völkerstämme. Ausland, n° 8.

2210 **Metton-Leduc**, La Belgique et le Portugal. Mutualité d'intérêts politiques et commerciaux. Bull. Acad. Royale. Bruxelles, 1856, n° 4143.

Mémoire sur la possibilité de fonder en Afrique des colonies, etc.

Topographie.

2211 **Duveyrier, H.** Aperçu topographique de l'Afrique intérieure et renseignements sur les ressources qu'elle offre au commerce. Ann. du commerce extérieur, 1862, n° 1414.

Hydrographie.

2212 **Africa Pilot.** South and East Coasts. Part III, 1878, 8°, London. H. O., 1878.

2213 **Africa, E. Coast.** Sheet 10, from 6° 38' S to 4° 23' S, including the islands of Zanzibar and Pemba, n° 664. H. O., London, 1879.

2214 — — Tugela river to Delagoa bay. (n° 2098). H. O., London, 1880.

2215 — — Kiuyu, George, Cockburn ports, Chaki, Chakibay, n° 1812. H. O., London, 1880.

2216 — — River Zambesi to Mozambique harbor, 1.730.000, (n° 1810). London, Hydrogr. off.

2217 — — Kilifi river. 1.18.000, (n° 238) London, Hydrogr. off., 1885.

2218 **Afrika's Ostküste.** Die Häfen Ibo, Zanzibar, Mozambique, Delagoa-bai, Quilimane und Macusa an — — A. H., 1879, n° 9, p. 460-468.

2219 **Chavanne, J.** Die Hydrographie Afrika 's und das Quellen-Problem. G. R., 1882, v, n° 1. Vienne, Hartleben, 1883.

2220 **Cordeiro, L.** L'Hydrographie africaine au XVIe siècle d'après les premières explorations africaines. 8°, Lisbonne, 1878, 72 p.

2221 **Darondeau,** Mélanges hydrographiques ou recueil de documents relatifs à l'hydrographie et à la navigation. Paris, 1847, 8°.

2222 **Kirchhoff, A.** Der hydrographische Zubehör des äquatorialen Muta Nzige. G. M. P., 1886, IV, p. 107-109.

Voir une note du Lt van Gele dans le Mouvt Géogr. Bruxelles, 1885, n° 13.

2223 **Le Gras, A.** Phares des côtes Ouest, Sud et Est d'Afrique et des îles éparses de l'Océan Atlantique. 8°, Paris, Dépôt de la Marine, 1866.

2224 **Tallavignes,** Note sur le Rio Nunez, côte occidentale d'Afrique. Annal. hydrog. 3e trim. p. 133, 1863.

Archéologie.

2225 **Birch, S.** Inscriptions in the Hieractic and Demotic Character from the collections of the British Museum, roy. f°, 29 dessins, 1868.

2226 **Cagnat, R.** Explorations épigraphiques et archéologiques en Tunisie. I, 8°. 113 p Paris, Imp. Nationale.

Copié des Archives des Missions Scientif. et littéraires, 3e série, tome 9.

2227 **Chabas, F.** Etudes sur l'Antiquité historique, d'après les sources Egyptiennes et les monuments réputés préhistoriques. 8°, 6 pl. avec planches en bois. Paris, 1873.

2228 **Chabas, Maspero, Pleyte,** Collection of 14 tracts by — — 4° and 8°, contenant : Recueil de travaux relatifs à la Philologie et l'Archéologie Egyptiennes et Assyriennes. — Pleyte W. S. et dans la barquedu Soleil,1865.—Maspero, G. la Stèle Egyptienne du musée de Rennes, 1874 et autres.

2229 **Champollion le Jeune,** Monuments de l'Egypte et de la Nubie, d'après les dessins exécutés sur les lieux. 4 vol., atlas f°, contenant 400 grav. superb. coloriées. Paris, 1835-1845.

2230 **Deveria, Th.** Lettre à M. Mariette sur les Hyg-s'os. (Revue archéol.) 8°, 2 pl. Paris, 1861.

2231 **Mariette, A. Pacha.** Le Sérapéum de Memphis, découvert et décrit, folio, partie de 1-10, la 3e section. 36 planches,avec texte, Paris, 1857.

Monuments découverts dans les souterrains.

2232 — — Lettres à M. le Vic. de Rongé sur les résultats des fouilles, datées 14 mars 1860, 20 déc. 1860, 30 déc. 1861. 4 pl. (Rev. Archéolog.)

Fouilles de Tanis.

2233 — — The monuments of Upper Egypt, translated from the «Itinéraire de la haute Egypte»(A Mariette).8°, *carte et pl.*1877.

2234 **Rich, C. J.** Narrative of a Journey to the site of Babylon in 1811, with memoirs of the Ruins of Persepolis, Babylon, 8°, 1839.

Géognosie. — Géologie. — Orographie.

2235 **Beatley, W. H.** Geology of the Congo. N. 12 juillet 1883, nº 715, p. 243 et 244.

2236 **Emmerich, A.** Skizze der orographisch-geognostischen Verhältnisse Afrika's. Program der Realschule in Meiningen. 1862, 4º, 26 p.

2237 **Gotz,** Untersuchungen einer Gestein-suite aus der Gegend von Marabastad im Nördl. Transvaal. Neues Jahrb. f. Miner. etc. Stuttgart, 1885, avec pièces, vol. IV, p 110.

2238 **Lenz, O. Dr.** Geologische Karte von West-Afrika. Nach seinen in den Jahren 1874-1877 und 1879-1881 unternommenen Reisen. Gotha, J. Perthes, 1882.

2239 **Pechuel-Loesche, Dr.** Zur Geologie des westlichen Kongo Gebietes, av. 1 *carte* et illust. G. R. 1886, VIII, nº 7, p. 289.

2240 — — H. Stanley und das Kongo-Unternehmen, 8º, 74 p. Leipzig, Keil, 1885.

2241 **Reymond,** Note sur la Géologie du Centre de l'Afrique. B. S. Géol. de France, 1886, XIV, p. 37.

2242 **Schweinfurth, G.** Zur Beleuchtung der Frage über den versteinerten Wald. Z. d. D. G. G., 1882, nº 1, p. 139 145, *avec carte.*

2243 **Thomson, J.** Notes on the Geology of East Central Africa. Nature, London, 2 déc. 1880, p. 102-104.

2244 — — Notes on the Geology of Usambara. (Proc. Royal Geogr. Soc., 1879, nº 9, p. 558-564.)

2245 **Zittel, K. A.** Beiträge zur Geologie und Paläontologie in der Lybischen Wüste, 4º.

2246 — — Exped. zur Erforschung der Libischen Wüste von G. Rohlfs, liv. I, Cassel, Fischer, 1883.

Afrique Centrale.

(Supplément.)

2247 **Adan, E.** La détermination de la longitude de Karema. B. A. R. de Belgique, 1881, p. 75-79.

2248 **Afrique équatoriale.** A l'assaut des Pays Nègres. J. M. d' A., 8°, 347 p., *avec cartes*. O. E d'O., Paris, 1884.

2249 **Amaral, F. de** : O Caminho de ferro de Ambaca. B. S. G., Lisboa, 1882, III, n° 3, p. 143-160.

2250 **Aube, T.** La pénétration dans l'Afrique centrale. 8°, 32 p. Paris, Challamel, 1883.

2251 **Becker, J. Lt.** La Vie en Afrique, 2 vol., avec nombr. illustr. Lebègue, Bruxelles, 1886

Très intéressant sous bien des rapports.

2252 **Beltrame,** Cause della barbarie, da cui fu sempre dominata Africa, e specialmente la parte centrale; condizione intellettuale e morale dei Negri. Atti Rede Inst. Veneto, Ser. 5, n° 9.

2253 **Bohndorff's** Reisen in Central Afrika in den Jahren 1880-1883, nach den Itinerar-Aufzeichnungen des Reisenden entworfen und gezeichnet von Bruno Hassenstein. 1. 1.000.000.

2254 **Burdo,** Les Arabes dans l'Af. cent. 8°, 48 p., Paris, Dentu, 1885.

2255 **Dardenne, E.** L'Afrique centrale. — Conférence publique donnée à Andenne, le 19 nov. 1876, au profit de la Société d'exploration et de civilisation de l'Afrique. 8°, 45 p. Ramelot Limet, au Pont de Baye. Andenne, 1876.

2256 **Delitsch, Dr. O.** Das äquatoriale Tafelland in Süd Afrika, nach dem Stande unserer jetzigen Kenntniss. A. A. W., oct. 1872, p. 3-6.

2257 **Heuglin, Th. v.** Ornithologische Miscellen aus Central Africa. (J. f. O. C. B. 12 Jahrg. 4 Heft.)

2258 **Markham**, C. R. Broyon-Mirambo 's Description of Unyamwesi and the best Route thither. P. R. G. S., 1878, nº 1. p. 28-40.

2259 **Reuter, E. Capitaine.** Colonies nationales dans l'Afrique centrale sous la protection de postes militaires. Bruxelles, 1878 ; in-16º.

2260 **Rowley, Rev. H.** Twenty years in Central Africa : Being the Story of the universitie s' mission to Central Africa. 2e éd., 8º. 300 p., Gardner, Darton et Cº.

2261 **Selous, F. C.** Journeys in the interior of South Central Africa. P. R. G. S., 1881, nº 9, p. 159-175, *avec carte*.

2262 **Wauters, A. J** De Bruxelles à Karema ; histoire d'une colonie belge dans l'Afrique centrale. In-12. Lebègue, Bruxelles.

2263 — — Une nouvelle expédition de découvertes envoyée dans l'Afrique centrale par l'Institut national de Géographie et dirigée par Mr le Dr Chavanne. L'Echo de Bruxelles, 30 janv. 1884.

Congo ou Zaïre.

(Supplément.)

2264 **Drack, Fr.** Voyage au Congo. Paris, 1641.

Traite du Zèbre, comme animal pour les transports en Afrique. p. 106-107.

Note tirée de l'ouvrage de Leclerc de Buffon, qui se trouve à la disposition des savants chez l'auteur.

2265 **Gabriel Marcel**, Stanley, H. M. et son ouvrage sur le Congo, avec un dessin des Idoles de Banza-Ouvana, village du Congo, et une carte des progrès de la découverte de l'Afrique depuis 1749, 1815-1830, 1850, 1860 et 1886. Nature, 1886, nº 659, p. 106-110.

2266 **Galline Michel Ange, de.** et **Charly, de.** Capucins, Relation d'un voyage au Congo, fait en 1666-1667. Lyon, 1680. Histoire naturelle d'Afrique, p. 76 et suivantes.

2267 **Lopez, O.** Relatione del Reame di Congo et del circonvicine contrade Tratta dalli Scritti et ragionamenti di Odoardo Lopez Portoghese, Per Filippo Pigafetta. Petit 4°, 8 pl. sur cuivre, carte d'Afrique. Roma, 1591.

2268 **Lovett Cameron.** L'Etat libre du Congo. B. S. B. de Géogr., 1885, tome 9, p. 582.

2269 **Patzig, C. A.** Die Afrik. Konferenz und der Kongo-Staat. 8°, Pfaffs Sammlung von Vorträgen, XIII, n° 1-3. Heidelberg, Winter, 1885, n° 2.

2270 **Sousa Brum, A. J. d. Pereira,** No Congo, trabalhos da missao portuguesa de Salvador. Bul. Soc. G. Lisboa, 1885, V, n° 1, p. 36.

2271 **Van Gele, A.** Les Indes africaines. M. G , Brux., 1885, II, n° 12.

Région des Lacs.

(Supplément.)

2272 **Giraud, V.** Voyage aux grands lacs de l'Afrique équatoriale. C. R. S. G., Paris, 1885, n° 7, p. 210, *avec carte.*

2273 — — Les grands lacs de l'Afrique équatoriale. B. S. G. C, Paris, 1885, VII, p. 394. Tour du Monde, 1886, n° 1304.

2274 **Johnson, W. C.** Seven years' travels in the region east of Lake Nyassa. P. R. G. S., London, 1884, VI, n° 9, p. 512-530, *avec carte.*

2275 **Storms, Cap.** Le problème du mouvement des eaux du lac Tanganika. Soc. R. Belge de G., Bruxelles, 1886, X, n° 1, p. 50.

2276 **Thomson, J.** Through the Masai Country to Victoria Nyanza. P. R. G. S., London, 1884, VI, n° 12, p. 690.

ERRATUM. — Page 1 : Bibliographie **générale** ;
Lire : Bibliographie **des ouvrages**.

TABLE DES MATIÈRES.

Ouvrages du même Auteur.

Le Calendrier Javanais. — D'après J. A. C. Oudemans, Mededeeling betreffende de sterrebeelden, wier hoogte boven den Horizon, op een bepaald oogenblik van den nacht, door de Javanen ten behoeve van den landbouw geraadpleegd wordt. Amsterdam, 1881 ; in-8°. — (Voir Catalogue des Ouvrages d'Astronomie par J. C. Houzeau.)

Pour paraître prochainement.

Huit ans aux Indes Orientales. — Ce que j'y ai fait, ce que j'y ai vu. Java-Sumatra, Indo-Chine, Straits Sentlements. Contenant des notes philologiques sur la conversation et les caractères des écrits en langues malaise, javanaise et chinoise. — Avec vues photographiques.

Mon séjour à la Mecque. — Mon débarquement à Djedda, mer Rouge ; — La Santé ; — Le Tombeau d'Eve ; — La route vers la Mecqne ; — Aspect général de la Mecque ; — Temple de Malkia ; — Jamani ; — La Pierre Noire ; — Temple de Kanifa ; — Emballio ou les quatre religions ; — Mohamion Echafia ; — Source et Porte des Eaux Saintes ; — Mokatana ; — Les Karems ; — Prière autour d'El Kahabat ou la Pierre Noire ; — Tombeau de Mohamed ; — Temples ; — Campement des Pélérins à la Montagne Arafia ; — Lieux des sacrifices. — Avec vues photographiques.

Pli cacheté déposé à l'Académie des Sciences. — Sur une teinte verdâtre que prennent certaines parties du Firmament à l'approche des dépressions barométriques et des perturbations atmosphériques. (Voir Bulletin Académie des Sciences, etc., 1883.)

Imprimerie BAUVAIS, rue de la Poste, 90, Schaerbeek.

www.ingramcontent.com/pod-product-compliance
Ingram Content Group UK Ltd.
Pitfield, Milton Keynes, MK11 3LW, UK
UKHW031844260826
14628UKWH00002B/580

9 782013 672481